JN440482

• 휘호 : 陳泰夏

松下靜聞
野花之香
辛卯秋

소나무 밑에서 조용히
들꽃의 향기를
맡는다

| 陳泰夏 교수님

明知大學校 名譽敎授이며, 仁濟大學校 碩座敎授입니다. 또한 (社)全國漢字敎育推進總聯合會의 理事長을 맡고 계십니다. 국립대만사범대학에서 고려시대의 언어를 연구하여 博士學位를 취득하신 후, 독보적 『鷄林類事 硏究』를 비롯하여 많은 국어학적 연구 업적을 세상에 내어놓았을 뿐 아니라, 한국국어교육학회를 창립하여 우리나라 국어교육에도 크게 기여하고 계십니다. 우리나라에서 漢字를 가르치지 않기 때문에 일어난 文化危機를 克服하기 위하여 1998년 全國漢字敎育推進總聯合會를 조직하시고, 2002년 前任 敎育部長官 13명의 署名과, 2009년 歷代 國務總理 21명의 署名을 받아 初等學校 漢字敎育을 大統領에게 建議하였으며, 최근에는 漢字敎育 촉구를 위한 천만인 서명운동을 전개하는 등 初等學校 漢字敎育에 헌신을 하고 계십니다.

• '무시선의 향기' 윤양호 作

| 윤양호 교수님

독일국립쿤스트아카데미 뒤셀도르프에서 수학하였으며 귀국후 원광대학교 동양학대학원에 국내에서 최초로 선조형예술학과를 신설하여 국제적인 인재를 양성하고 있으며 한국과 독일 퀼른, 베를린을 중심으로 작품활동을 하고 있음.

· 원광대학교 동양학대학원 선조형예술학과 교수
· 국제선조형예술협회 회장
· 원불교100년성업회 학술,출판분과위원
· 한국,독일 현대미술협회 회원
· 개인전 24회(독일11회, 한국13회)
· 기획및 단체전 100여회

들꽃의 메아리

서문

어제가 봄인가 했더니 오늘 벌써 가을인가, 해마다 세월은 시냇물처럼 흘러간다. 산과 물은 언제나 거짓이 없고 진실뿐이다. 자연의 이치와 현상은 바로 삶의 도리를 나타내 보인다.

봄이 되어 소생한 초목이 가을에 결실을 하고 아침에 뜬 해가 저녁에 기우는 반복의 순환도 자연의 이치에 따르는 순응이요 순리다. 산은 움직임 없는 가운데 움직임이 있고, 움직임 있는 가운데 움직임 없는 자세를 자연의 땅은 평등하게 만물을 육성시키는 자비심을 우리에게 일깨워 주고 있다.

나의 생활 속에 와닿는 온갖 갈등과 욕망을 땅속에 묻고 땅의 묵묵함이 가르쳐주는 인생 항로를 땅에서 본받아 보고자 서원(誓願)도 많이 해보았지만 그 많은 진급(進級)이 되지못함에 아쉬움을 남긴다.

오늘도 들꽃을 벗 삼아 산책하면서 말동무가 된다. 이들은 때가 되면 그 때를 놓치지 않고 스스로 옷을 갈아입기에 언제나 좋아한다. 언제 어느 곳에 피어난들 원망하거나 탓하지 않는 겸허한 모습, 상없는 모습에서 행복과 성공의 열쇠는 환경이 아니라 자기 자신임을 깨닫게 하는 일깨움을 주기에 내 자신이 수양하는 매체이었다. 이 순간에도 유연한 친구가 되어 웃어주고 반겨주면서 들꽃의 메아리 소리를 들려주고 있다. 참으로 행복한 시간이다.

사람은 자신의 의식이 열려있는 만큼만 사물을 인식하고 느낄 수 있다고 한다. 내가 원불교 교도로 신앙과 수행생활을 하면서 학생들과 생활하면서 교직이 천직임을 알고 부모님께 · 스승님께 감사 속에 32년의 세월이 물처럼 흘렀다. 언제나 어머님께서 말씀하시기를 "학생들을 부처님처럼 대하라." 하신 말씀을 실천하고 노력하였다. 그 동안 생각의 싹들을 모아둔 글들을 한 자리에 모두어 출판하면서 내 자신을 되돌아보는 계기가 되었다.

수필은 생활의 체험 속에 생각과 느낌의 정서를 표현한다. 자기를 은폐시킬 수 있는 허구나 진실하지 못한 표현은 용납될 수 없다. 오늘의 내가 걸어온 길을 되짚어 보고 나를 고백하는 글이 수필이다. 내 생활 속에 인연을 맺은 것과 함께 하면서 관심 속에 관찰과 성찰과 소통을 하면서 나를 바라본다. 이 순간이 나를 성숙하게 하고 행복의 기운을 복돋아 준다. 한 생각 한 생각을 담아가면서 글 쓰는 습관을 가지고 내 자신의 생각과 정서를 수없이 부딪치면서 한 가닥의 분수처럼 솟아오른 순간순간에 감사할 뿐이다. 내 삶에서 언제나 천지의 은혜 · 부모의 은혜 · 동포은혜 · 법률은혜에 감사함을 느끼고 보은하는 길이 내 삶의 행복임을 생각하는 기연이 되고 있다.

누구에게나 삶이란 배움의 연속이고 정신적 성숙을 이루어가는 과정이라 한다. 일상의 일깨움과 배움의 조각 속에 생각하고 느끼고 깨달으며 진급하는 희망 속에 내 가슴까지 자광편조(慈光遍照)의 길을 열어주는 진리부처님께 감사를 드린다. 특히 한가위날 아침을 맞아하여 돌아가신 양가 부모님을 생각하니 부모님 자리의 허전함을 느낀다. 시간이 흘러 나도 이젠 장성한 선곤이와 버금이의 아버지가 되었다. 이들이 자기의 앞길을 위해 해외에서 활동하고 있지만 내심 걱정이 된다. 허나 전화 한 통화에 안도하며 건강 속에 분발하도록 당부하는 것이 부모의 마음인가 보다.

아무쪼록 이 한 편의 글을 출간함에 많은 관심과 조언을 주고 부부교사로 공도자(公道者)생활을 하면서 신앙 · 수행을 함께 하며 마음공부에 동반자로 내자인 한순희 불자에게 감사하게 생각한다. 시작이 반이야 했듯이 글을 쓰면서 생활하는 것이 삶이 행복임을 각인하고 매사에 실천하는 내 모습을 가꾸어 가고자 간절히 서원한다.

2011년 9월 12일 자광편조실에서

김영화 합장

목차

조팝꽃 향기

봄의 향연

물가를 거닐면서

내 고향, 화로 같은 인정

꿈의 날개를 펴며

그렇다. 때가 되면 때를 알아 그 기운을 이어주는 것이 자연의 이치다.
그 신비로움을 주는 것은 자연이 최고임을 항상 느끼는 바다.
산길을 오르며 발끝에 부딪히는 돌맹이와 바위들이
무질서하게 흩어져 있는 듯이 보이지만 오히려 오묘한 조화를 느끼게 하고,
그 사이사이에 들꽃들이 봄기운에 힘입어 그 자태를 보여주고 있으니
그 꽃이 더욱 눈길을 끈다.

들꽃

도시 길의 높다란 담장은 오늘의 다양한 문명의 물결을 대변한다. 우리의 삶은 담장에 부딪히는 다양한 고달픔과 피로와 권태의 물결에 늘 출렁거리며 지나왔다. 그러나 담장이 위안이었던 적도 있었다. 학창시절 걷던 소박한 돌담길에서는 마음을 포근하게 감싸주는 고즈넉한 분위기 속에 내공의 안온함을 수 없이 느꼈다. 이를 통해 하루의 복잡한 스트레스를 묻어두고 나를 찾는 향기 나는 시간을 느끼곤 했던 것이다. 이젠 이런 향수의 추억이 사라진지 오래다. 아스팔트로 포장된 길을 걷다보면 오히려 숨이 차고 답답함을 느낀다.

나는 요즘 집 근처 팔당수원지 산책길을 따라 걷는 습관을 들였다. 무미건조한 현대 생활에 스스로 살아있음을 느끼기 위한 생존의 방편이다. 이곳은 야생화 군락지다. 어느 누구의 관심과 사랑이 없어도 그들은 때가 되면 그 때를 놓치지 않고 스스로 옷을 갈아 입는다. 만개한 수많은 꽃송이는 그야말로 한 편의 그림이다. 꽃 향을 진하게 풍기는 들꽃길을 걸으면 먼지처럼 켜켜이 쌓인 상념들이 어느새 꽃향기로 정화되고 내 마음은 한강물 줄기 따라 고즈넉이 흘러간다. 들꽃들의 화심을 다 읽어내지는 못하지만, 계절의 순환에 따라 몸가짐을 고쳐가는 모습에서 때를 알아 때에 실천하는 현자의 모습을 찾는 건 나만의 생각일까. 들꽃과 자연의 순리에 대한 지나친 경탄인가 말이다.

우리의 생활 중에 배워야 할 가장 중요한 것은 '어떻게 살 것인가?'에 대한 대답이다. 난 이 해답을 들꽃에서 찾는다. 들꽃은 언제 어느 곳에 피어난들 원망하거나 탓하지 않는 겸허한 모습으로, 비가 오나 바람이 부나 어떤 경계가 온들 자신의 모습을 숨김없이 드러낸다. 언제나 상없는 겸허함 그 자체다. 이를 통해 행복과 성공의 열쇠는 환경이 아니라 자기 자신임을 새삼 깨닫고 배운다. 또 들꽃은 격의가 없고 울타리가 없어 좋다. 나처럼 모나고 부족한 면이 많은 사람에게도 유연한 친구가 되어 웃어주고 반겨주어 좋다. 들꽃에게는 사랑을 주는 사람에게나 주지 않은 사람에게나 모두에게 수줍어하면서도 괴리감 없이 반가운 웃음을 선사하는 기질이 있어 좋다. 그 친근함은 저절로 얻어지는 것이 아닐 것이다. 언제나 원근친소를 초월하여 벗이 되고자 하는 들꽃의 자세에 참으로 고개가 숙여진다. 언제나 나만이 할 수 있고 내가 제일이야 하면서 '아상병' 에 걸려 있는 우리에게 귀감이 된다. 그래서 나는 이따금 산을 벗 삼아 오르내리면서 길섶에 피어있는 들꽃의 자태에서 꽃의 질서와 조화와 향기를 통하여 너무나 많은 것을 배운다.

시인 도종환 선생님의 시 한 구절을 음미해본다. "흔들리지 않고 꽃이 어디 있으라./ 이 세상 그 어떤 아름다운 꽃들도/ 다 흔들리면서 피었나니/ 흔들리면서 줄기기를 곧게 세웠나니/ 흔들리지 않고 가는 사랑이 어디 있으라." 이 시에서 시적화자가 말하듯 모든 생명체들은 흔들리면서 뿌리도 깊어지고, 키도 크면서 성숙한다. 우리의 생활도 수많은 경계의 연속에서 흔들리고 있다. 허나 안으로 조용히, 때로는 세차게 흔들고 있는 고통과 비애, 대립과 갈등, 고뇌에서 스스로 배우고 터득하는 것이 내 삶에 대한 한 방법을 공유하는 지름길이다. 그 결과 수없는 담금질과 여과를 통해서 합리적인 사고와 실행할 수 있는 내공을 다지는 계기가 되는 것이다.

나는 들꽃 같은 사람이 되기를 염원한다. 들꽃은 언제 어느 방향에서 불어오는 바람에도 흔들리지만 중심을 잃지 않고 여여한 자태를 가지는 모습이 아름답다. 아무 곳에나 피어나지만 결코 아무렇게나 살아가지 않는 모습이 더욱 아름답다. 누가 알아주든 아니든 줏대를 세워 스스로의 역할을 말없이 실천하는 들꽃의 모습은 진정 나의 귀감인 것이다. 들판 가득 엄마의 눈물처럼 피어있는 들꽃, 여치 울음소리, 개구리 울음 소리를 들으며 자기 영혼을 키울 줄 아는 들꽃, 함께 나눌 줄 아는 성품이기에 나는 들꽃의 친구다. 보슬보슬한 흙 위에 누워서 밤하늘의 북두칠성을 바라보는 눈빛 밝은 들꽃인 제비꽃, 달맞이꽃, 패랭이꽃, 자운영 꽃, 아기별 꽃, 양지꽃, 은방울꽃 등을 불러보면서 길섶에 피어오른 들꽃의 향기를 흠뻑 느껴본다. 봄, 여름, 가을, 겨울의 감각을 한 몸에 담고 살아가리라 염원을 수 없이 되뇌인다.

들꽃은 곧 내 삶의 기준이다. 웃음이 넘치는 들꽃, 눈물이 피는 들꽃, 푸르고 강한 들꽃을 바라보면서 계절의 감각과 삶의 감각을 가질 수 있어 행복할 뿐이다. 오늘도 들꽃을 사이에 두고 그 향기에 취해 세상과의 사투에서 헐어냈던 심신을 회복하고, 또다시 엄혹한 세상과 정당하게 맞설 수 있는 혜안을 얻는다. 이름 없는 들꽃으로 다른 이의 들꽃이 되기를 염원하면서 말이다. (2010. 9. 3)

봄날의 풀잎 소리

봄비 소리가 크게 들리면 좋으련만, 워낙 조용히 내리니 봄 소리를 들을 수가 없어 안타깝기만 하다. 다가오는 봄 소리를 들을 수 있다면 얼마나 생동감 있게 봄 손님을 맞이할까 싶다. 봄은 늘 우리에게 새로움과 신선함을 담은 희망과 용기를 담뿍 심어준다. 겨우내 닫혀있고, 답답하게 웅크리고 있던 몸과 마음을 열어주고 활력을 되찾게 해준다. 그러니 누구나 봄을 그리워하고 기다리는 것이 인지상정이리라.

봄은 언제나 감각기관에 신선함을 준다. 봄은 백화점의 고객을 모시듯이 봄 손님을 모시기에 늘 경쟁하고 있다. 사계절 중 봄은 가장 우리에게 동경과 선망의 대상이 되고 있다. 우리는 생활 속에서 변화 있는 리듬을 원하고 언제나 다양하게 변화하는 기운을 추구한다. 허나 그게 쉬운 것은 아니다. 아무리 눈앞에 좋은 물감이 많이 있다고 하더라도 나의 시야에 들어오는 대상만을 만족할 뿐이다.

우리가 살아가는 현실을 잠시 생각해 보자. 우리는 우주자연의 모든 것을 다 소유하고 멋있게 살아가고자 희망한다. 허나 욕망의 충족이 그다지 용이하지는 않다. 사람은 자신의 유전과 환경과 체험 속에서 자신의 삶을 설계하고 실천하면서 보다 나은 삶의 질을 창조하기 위해서 노력하고 있다. 예술은 자서전이라고 한다. 항상 자기 자신을 전제해서 생각하고, 자기 자신이 모든 일에 일의 이치를 궁리하고 일의 원리를 터득하면서 취사하는 행동을 하기 때문이다.

봄이 오면 다들 봄처럼 새롭게 단장하여 새로운 마음으로 자신의 삶을 추구하고자 하지만 그 바람은 다양하다. 봄바람은 사없이 불어주지만 살아 있는 나무만이 봄바람을 느낄 수 있듯이 봄을 맞아 자신의 바람이 성취될 수 있도록 자신의 마음의 준비가 전제조건이 된다. 마음의 준비가 된 사람만이 봄날의 풀잎이 지하에서 새순과 새싹이 돋아나는 소리를 모두 들을 수 있다. 흔히 새싹은 봄이 오기 때문에 돋아나는 것이 아니다. 풀잎의 그 소리는 지하에서 기쁨의 소리로, 때로는 고통의 소리로 들릴 때에 나름대로 인과응보의 이치에 따라 기운이 솟구쳐 나온다. 인과응보의 진리는 모든 생명체에 다 적용되어

이 기운을 피하지는 못한다. 봄날 풀잎의 소리를 듣는 순간에 나는 과연 어떤 업보로 내 생활을 해왔는가 되돌아보면 초라하기 그지없다. 봄의 생명체는 봄이 오면 때를 알아서 그 모습으로 변모해 가면서 아름다움을 보이지만 나는 이때가 되면 두렵고 괴롭기도 하다. 때를 알지 못하고 서성대는 나의 모습이 처량할 때가 있다. 불가의 진리인 인과보응의 이치를 알고 실천해보고자 노력을 하지만 뜻하는 대로 되지 못한다. 이 순간에 내 자신을 생각한다. 한 생각이 일어날 때에 그것이 죄복의 근원임을 알아서 취사함이 부족하기 때문이다.

동양 성현의 말씀에 "어리석은 사람은 복(福) 받기는 좋아하나, 복을 짓기는 싫어하고, 화(禍)를 싫어하나 죄(罪)를 짓기는 좋아한다. 이것은 다 화복(禍福)의 근원을 알지 못함이라." 했다. 나는 복 받기를 바라고 있지만 봄날의 풀잎 소리를 들을 정도의 마음이 준비되지 못하기 때문이다. 언제나 여유 속에서 내 자신을 찾아서 항상 훈훈하고 맑은 기운이 감돌지 못한다. 마음의 문을 열고 우주자연의 기운이 접목될 수 있도록 노력하는 마음이 아쉽기만하다. 마음의 촉촉함이 부족하기에 안정된 마음작용이 되지 못하고, 항상 생각을 멈추는 공부가 부족하기에 과오와 실수가 있다. 사려 깊은 행동이 적어 타인에게 불편함을 주고 고통을 주는 것 같다. 이젠 봄이 오고 있다. 동절기에 맺었던 악연을 떨어버리고 선연을 맺어 봄볕에 너울거리는 나비처럼 하늘하늘 날아 보고 싶은 마음으로 봄날을 맞아 푸근한 봄을 만끽하고 싶다.

봄소식을 전하는 꽃의 대부분은 억척스럽다. 그 억척도 보통이 아니다. 꽃이 화사롭게 피기 위해서는 오랜 시일이 걸린다. 나무줄기의 잎이 무성하게 짙은 초록으로 몸단장을 하고 그 사이에 꽃망울을 터뜨린다. 꽃은 그 향기를 풍기면서 그 절정을 이룬다. 봄소식의 전령사들은 언제나 봉사를 일차적으로 한다. 본인의 몸단장보다는 봄소식을 가객들에게 우선적으로 전해주기 위해서 꽃망울을 피우는데 갖은 고생을 하면서 선공후사의 일념으로 봄꽃의 향연을 베푼다.

길가 주변에 개나리, 목련, 산유화, 진달래꽃 등은 말없이 선공후사의 대표적인 인물이다. 이들의 개화하는 장면을 관찰해 보면 어느 것 하나 때를 잃지 않고 때를 찾아 언제나 자기 본분을 다하고 있음을 알 수 있다. 특히 뿌리가 어떤 토질과 만나 인연을 하고 있는가에 따라 개화의 시기도 좌우되고, 꽃의 향기와 수명도 좌우됨을 알 수 있다. 뿌리가 강하고, 토질이 비옥할수록 때가 앞당겨져서 우리를 즐겁게 한다. 우리는 누구와 어디서 만나서 무슨 생각을 하고 행동을 하느냐에 따라 운명을 좌우하듯이 만남의 인연이 중요함을 인식하게 된다. 우리 아파트 입구에 여러 종류의 수목과 꽃들이 심어져 있다. 그 중에는 수목의 생명이 왕성한 것도 있고, 얼마 남지 않은 것도 있다.

이런 생명의 인연들은 매우 중요하다. 그 뿌리가 튼튼하여 땅속 깊숙이 내려 있는 수목은 새싹의 발아도 빠르다. 언제나 짙푸른 연두색으로 옷을 말쑥하게 갈아입고, 자랑이라도 하듯이 아파트 입주자들을 반기고 있다. 나는 라일락의 향기에 도취되고, 깊어가는 밤하늘의 별들 속에 하나가 되어 간다. 근래 보기 드문 달밤에 시 한 수라도 읊고, 놀고 싶은 충동 속에서 걸어가는 걸음을 멈추고 넋 없이 라일락의 향기에 도취되고 싶어서 볼을 가까이 비벼대며, 코에 저장하고 싶은 충동이 솟구쳐 온다. 아파트 전체에 향기가 스며들어 도취된 기분이다. 이 맘 때면, 학교 근무를 마치고 집에 돌아와서 라일락의 향기를 맡으며 즐기기 위해 친구들과 만남의 약속도 않고 오로지 퇴근하기에 바쁘다.

들녘에 나가보면 햇살을 많이 받는 풀잎들이 여기저기에서 숨을 죽여가면서 대지의 기운을 박차고 나오는 신비한 모습을 많이 발견할 수 있다. 이러한 모습은 우리에게 삶의 기운을 북돋아 준다. 봄기운을 느끼는 사람은 풀뿌리에서 내리는 기운을 받아 풀잎들이 속삭이는 웃음소리를 들을 수 있고, 즐길 수 있어 행복하다. 이런 마음의 여유가 얼마나 멋지고 아름다울까? 자연에 묻혀 사는 사람은 언제나 봄맞을 준비하고 살고 있다. 풀잎들의 숨결소리를 들을 수 있다는 행복을 그리면 그릴수록 환청 속에서 내 자신이 봄 속의 동반자가 된다. 나는 열심히 풀잎소리를 듣기 위해서 귀를 가까이 풀잎에 밀착해보는 습관이 봄을 맞는 행복이다. (1999. 4. 15)

환하게 웃는 꽃

살다보면 생활 속에서 뜻하지 않는 경계에 부딪힐 때가 있다. 그러나 그 경계는 내 마음에서 일어난다. 상대와 대립, 갈등, 원망, 괴로움 등 경계의 종류도 다양하다. 그러나 그 모든 것이 내 마음 작용에서 짓고 받는 것이다. 따라서 내 마음을 어떻게 운전하여 수용하는가에 따라 천차만별한 즐거움과 슬픔이 교차된다. 내 마음을 어떻게 사용하느냐에 따라 너무나 다른 결과를 낳는다. 온전한 생각으로 마음을 움직이면 욕심 없이 순풍에 돛을 달고 항해하는 것과 같다. '이 길을 가기위해 나만의 불공이 얼마나 필요할까?' 하는 생각 속에 마음의 평정을 얻을 수 있다. 그래서 나는 마음공부를 하고 싶다.

어느 사찰에서 스님과 신도들과 대화의 한 일화를 소개한다. 스님이 말씀하시기를 "사람들은 물욕의 부림을 원하면서 만족하는 경우와 물욕의 부림에 원하지만 만족하지 못하는 경우로 나눌 수 있다."고 한다. 그러자 신도 한 사람이 물어오기를 "물욕의 부름에 만족하는 사람이나 만족하지 못하는 사람이나 맛있는 음식에는 모두가 다 만족할 수 있는 것 아닙니까?" 하니, 스님이 말씀하시기를 "음식의 맛에 만족하나 그 집착이 다르다. 음식의 맛에 만족하지만 그 맛에 집착하지 않는 것이고, 다른 하나는 음식의 맛에 만족하면서 집착한다."

따라서 만족을 하되 집착하지 않고 생활하는 사람은 자신이 경계에 왔을 때 자신 스스로 경계임을 알고 그 경계에 집착하지 않는다. 마치 삼베옷에 바람이 불어 지나가듯이 경계에 집착하여 그 마음을 가두어 두려고 하지 않는다. 바람 따라 와 닿은 대로 시간의 흐름 속에 스쳐가는 습관을 가지도록 내 자신을 수양함이 참으로 나를 여유자적하게 만들어 가는 것이다. 이 순간에 느끼는 행복은 최고의 만족된 행복이다. 그 행복에 집착하지 않고 다음 경계를 맞을 준비를 하는 마음속에 경계에 이끌리지 않는 나를 만들어 가는 것이다.

우리 주변에 한 떨기의 꽃송이가 만개하여 향기를 풍기며 미소 짓는 모습을 보면 많이 행복해진다. 돌 틈 사이에 뿌리를 내리고서도 환하게 웃는 꽃을 보면, 역경을 순경으로 만들어내는 꽃의 지혜가 나에게 많은 깨우침을 준다. 자연은 구차한 것을 비우고 가질 것만 소유하면서 환경을 조화롭게 만들어 간다. 난경에서 피어난 한 떨기의 꽃송이는 대자연이 빚어낸 한 폭의 그림 같다. 참으로 인고를 벗 삼아 환경을 자신의 벗으로 이끌어 가는 지혜 속에 한 줄기의 예쁜 꽃의 향기는 온 대지를 적시고 있다.

돌 틈 사이의 환경을 생각해보면 참으로 측은함을 수없이 느낀다. 허나, 그 환경에 집착하지 않고 자신을 일깨워 가면서 스스로 인고하고 뿌리를 내리는 정성스러운 기운은 온 천지와 조화 속에 아름다움이 빛난다. 이것이 자연의 진리이고 그 아름다움이 나를 감동시키고 있다. (2008. 7. 3)

나를 꽃으로 가꾸자

우리 삶의 주체인 나 개개인은 꽃과 같은 속성이 있는 것 같다. 저마다 빛깔과 향기로 피어날 꿈과 희망을 담은 꽃씨가 있고, 그 꽃씨가 발아하여 싹으로 꽃으로 빛깔과 향기를 풍기기 때문이다. 산과 들녘에 피어있는 이름 모를 들꽃도, 화원에 피어 있는 꽃도, 집안에 아름다움을 장식하는 꽃도 그 개화 속에 흔들림이 없는 경우가 하나도 없다. 그 꽃의 꽃씨가 흔들림을 감내하면서, 시련과 소용돌이에 포기 하지 않는 생명력과 가꾸는 노력이 수반되어야 한다. 마치 우리의 삶도 수많은 경계 속에서 경계거리를 요란함이 없는 마음으로 그 원리와 이치를 잘 꿰뚫어 상황을 극복하는 취사를 지혜롭게 해야 한다. 그 경계에 무명의 흔적이 없는 쉼 없는 노력이 전제될 때만이 흔들림 속에서 피어나는 꽃이 각기의 색깔과 향기를 선사한다.

우리 삶의 꽃은 어떠한가? 스스로 자문해본다. 나의 꽃은 활짝 피어 행복한 웃음을 짓고 있나? 아니면 피지도 못하고 지쳐버리는 꽃의 흉내를 내기만 하는가? 누구나 활짝 피어있는 꽃을 꿈꾸고 서원한다. 우리는 누구나 행복한 삶을 추구한다. 매일 웃을 수 있는 나를 만들어 가고자 하는 삶을 살아가고 있지만 그렇게 쉽지 않은 것이 우리네 삶이기에 수많은 사람들이 이에 번민과 고뇌를 하면서 살아간다.

우리는 누구나 행복을 추구하지만 그 끝이 없다고 한다. 왜냐하면 하나가 충족되면 그 다음이 보이기 때문이다. 사람들은 더 좋은 것을 원하고, 더 큰 것을 원하고, 더 아름다운 것을 원하고, 더 높은 지위를 원하고, 더 많은 것을 원하며 살아가기 때문에 끊임없는 욕심과 치열하게 싸움에서 이기는 것이 성공이고 행복이라 생각한다. 또 어떤 사람은 복잡한 일상생활을 떠나 명상이나 기도 등으로 신앙을 통해서 영적 체험에서 행복을 얻으려 노력하고 있다. 허나 물질적 욕구 충족이나 영적 체험이든 밖을 향해 '어떤 부족함을 갈구하는 것' 으로 우리가 추구하는 행복을 찾을 수 없다. 원불교 교조이신 소태산 대종사님께서 말씀하시기를 "내가 추구하는 행복은 외부로부터 오는 것이 아니라, 내 마음에 있다." 고 하셨다. 내 안의 꽃씨가 '본성' 의 생명력을 잃지 않고 '나만의 색깔과 향기' 로 피어날 때에 행복이고 기쁨이다.

우리 생활을 들여다보면 너무 욕심에 쌓여 있다. 모든 것이 경쟁 아닌 것이 없다. 너무 경쟁을 하다 보니 남들이 하는 만큼 못하면 불안하고 남들을 의식하여 신경 쓰느라 도모지 내 삶이 없다. 그곳에 빠져 내가 갈 길을 잘 알지 못하고 근시안적 생활 속에 젖어 있는 경우가 많다. 우리 가정의 자녀들을 바라보면 쉽게 이해가 된다. 유치원부터 대학에 이르기까지 모두 경쟁적으로 대하다보니 모든 일거리에서 혹시나 우리 아이가 뒤지지 않을까? 염려와 불안 속에서 헤어나지 못한다. 아이가 모든 경쟁에 이길 수 있을까? 반문하면 참으로 아이의 삶이 없다. 욕심에 갇혀있어 삶의 해답이 없다.

그러니 내 삶에 가득한 행복의 마음을 놓치고 사는 경우가 허다하기에 언제나 내 삶을 바라보는 거울을 가져야 한다. 우리가 사는 우주는 무한대하다. 그러나 나는 작다. 내가 모든 것을 가질 수도 없고, 잘할 수도 없음을 알아야 한다. 먼저 나의 한계와 가능성을 스스로 자각한다. 소크라테스가 "네 자신을 알라." 했듯이 자신의 분수를 잘 알아야 한다. 생활 속에서 버릴 것은 과감하게 버려야 한다. 그리고 선택할 것은 명확하게 선택해야 한다. 나에게 맞는 차별화된 행복은 안개 속의 막연한 행복이 아니라 나를 설레게 하고, 몰입하게 하고 웃음 짓게 하는 것이다. 그리고 그것이 참 된 행복이다.

일상생활에서 행복한 삶을 만들어 가기 위해서는 마음공부를 잘해서 자기를 합리적으로 경영해야 한다. 마음공부를 하면 내 심신이 단련되고, 그 단련된 과정 속에 마음작용을 하되 요란함이 없어지고, 일심으로 일의 원리와 이치를 바로 알고 선택된 것과 포기할 것을 구분하여 실천하는 것이다. 선택과 포기의 갈림길에서 그 기준점은 바로 자기 본성에 맞는 것을 선택하고 본성에 맞지 않는 것을 포기해야 한다. 특히 없앨 것은 작을 때에 미리 없애고, 버릴 것은 가벼울 때 미리 버린다면 작은 근심은 막을 수 없을 지라도 큰 근심은 막을 수 있을 것이다. 이것이 바로 불가에서 말하는 무아로써 참나를 꽃 피우는 것이다. 나 아닌 것, 나에게 맞지 않는 것을 내려놓고, 참 나를 한 송이 꽃이 활짝 피워내는 노력이 선결되어야 한다.

이제 나는 한 송이의 꽃이라 생각한다. 내 꽃씨가 나의 본성임을 알고 그 많은 소망과 소질이 있음을 깨달아 이 꽃씨를 잘 파종하여 좋은 꽃을 피우려하는 열정과 의지 속에 소망과 꿈을 하나하나 가꾸어야 한다. 우리가 살고 있는 우주만유에는 인연 아닌 것이 없이 다 인연 고리로 이어짐을 깨달아 한다. 한 땀 한 땀을 정성스럽게 가꾸어 간다면 우리 모두가 꽃이고, 부처다. 대종사님께서는 처처불상이라 하여 모두가 다 부처라고 하셨다. 저만의 빛깔과 향기를 가진 꽃처럼 자기다움으로 활짝 피어날 부처가 되도록 각자 서원하고 노력할 뿐이다. 각자의 일터에서 가정에서 우리가 서있는 바로 그곳에서 최선을 다해 노력하는 부처가 바로 나의 행복이요 기쁨이다.

누구의 삶에도 빛은 있다. 이 빛은 바로 내가 가꾼 꽃의 빛깔과 향기다. 인간은 저마다 빛깔과 향기를 가지고 태어나지만 그 꽃이 제대로 될 수 있도록 가꾸고 노력하는 것은 자기 자신에게 달려 있다. 그렇게 핀 꽃만이 자신에게 기쁨과 행복을 느끼게 해 줄 것이다. (2010. 4. 27)

청산의 닮은꼴

지금 어디 메쯤에선가 따스한 봄기운을 담아 미소 짓고, 손짓하며 다가오는 발걸음 소리가 들려오는 듯하다. 허나, 우리네 마음은 꽁꽁 얼어붙어 그 소리를 느끼고 받아들일 마음의 여유가 없어 보인다. '그 봄기운의 생명력이 약동하는 대자연의 반가운 소리를 들을 수가 있을까?' 생각하며 내 자신을 돌아본다. 하루에도 수 없는 경계에 끌린다. 우리네 마음은 요란하고, 어리석고, 그른 마음이 가득하다. 나와 관련된 것에 원망하고 불신하고 탐욕에 차고 나태하며 어리석음의 도가니 속에 빠져든다.

예로부터 청산은 모든 사람들의 동경의 대상이다. 고려 속요인 청산별곡에 '살겠노라 살겠노라 속세의 때가 묻지 않은 머루와 다래를 먹고 청산에 살겠노라.' 외쳤듯이 시적 화자는 당대의 답답하고 무기

력한 마음과 불만스러운 마음을 털어버리고 청산을 동경하고 있다. 오늘날 산업화의 물결 속에 묻혀 사는 우리는 옛 조상들의 마음을 다스리는 지혜를 청산을 통하여 배우겠다는 의지가 연약함에 아쉽기만 하다. 자기의 욕구가 충족되지 못할 때에 수단 방법을 가리지 않고 몰아붙이는 세태, 목에까지 차오르는 원망스러운 마음이 무질서한 행동으로 공동의 기류를 파업과 시위의 물결로 만드는 현상을 바라본다. 근자의 승려 시인의 시가 생각난다. '청산은 나를 보고 말없이 살라하고, 창공은 나를 보고 티 없이 살라하네. 미움도 벗어놓고 사랑도 벗어 놓고 물같이 바람같이 살다 가라하네. 청산은 나를 보고 말없이 살라하고 창공은 나를 보고 티 없이 살라하네.' 하는 작품의 시적화자는 중생들에게 청산에 동화되어 살아가라는 가르침을 주고 있다. 찬사스럽고 현란한 말 속에 거짓과 아만이 있다. 말없는 벗일수록 따뜻한 덕인이고 현자임을 청산을 통하여 알 수 있다.

오늘도 평온함을 잃고 들떠있는 순간, 희망보다는 절망, 용기보다는 허약함, 질박함보다는 꾸겨지고 미천한 모습이 내 생활의 발자취라 생각하니 어리석고 안타깝기 그지없다. 그러나 나는 주위의 은혜로움 때문에 맑고 밝고 훈훈한 기운을 되찾아 생활에 말없는 청산처럼 깊고 평온하게 살기에 노력한다. 서울 시민의 과반수가 2000년대에는 탈 서울을 동경한다고 한다. 우리 어린 시절의 꿈은 서울에 한번 가보는 것이다. 나아가 서울에서 살아보겠다는 야무진 꿈을 꾸면서 한양유학을 동경했지만 불과 몇 십 년 사이에 서울이 탈 서울화가 되어 간다는 것이 믿어지지가 않는다. 이렇게 구겨진 서울의 모습을 탓하고자 하는 것이 아니다. 구겨진 서울에 살면서 시련과 고통과 갈등이 온다 해도 언제나 그 모습과 기운을 잃지 않고, 의연하게 삶의 지혜와 기운을 북돋아 주는 은혜인 청산이 우리의 곁에 있으니 어찌 이 고마움을 잊고 살 수 있을까? 사계절이 바뀌어도 면면한 지조와 절개를 가지고 묵언으로 현실에 안주하는 사람에게 포근한 기운을 일깨워 주는 청산의 미덕을 어느 누가 마다할 수 있겠는가? 우리는 이 청산의 고마움을 간직하고 청산이 주는 기운을 받고자 노력할 뿐이다.

깊고 높은 청산은 말이 없다. 오로지 침묵으로 '복종하고 싶은데 복종하고 싶은 것은 달콤한 자유보다도 더 좋다.' 고 노래한 한용운 시인처럼 청산은 사계절 속에 조화되어 삶의 지표가 무엇인가를 일깨워준다. 사람의 마음은 지극히 미묘하여 잡으면 있어지고, 놓으면 없어진다고 한다. 챙기지 않고 어찌 그 마음을 닦을 수가 있겠는가? 생각하면 할수록 청산의 닮은꼴이 되어 가는 것이 멋있는 삶이다.

꽃과 벌은 공생의 삶

봄철의 절정은 꽃이 만개되면서 극에 달한다. 꽃은 그 나름의 속성을 숨김없이 드러내기 때문에 아름다운 자태가 각기 다양하다. 그래서 꽃은 개성미가 넘친다. 한 꽃에서 피어오르는 향기는 바로 그 꽃의 생명이고 희망이다. 그래서 꽃을 가까이 하는 사람들은 생명력이 넘치고 희망의 보따리가 크다. 어느 가정이나 어느 조직이나 꽃 한 송이가 그 분위기를 창출한다. 우리 집에는 제주도 화강암석이 있다. 마치 부엉이처럼 모습을 갖추어져 자연석의 기분을 자아낸다. 그 위에다 춘란을 몇 촉을 심어 겨울 내내 보온관리를 잘 해 봄철에 이르러 꽃이 핀다. 참으로 희귀한 작품이다. '그 얼마나 많은 인고를 겪었을까?' 하는 생각이 수없이 든다.

한 생명체가 순경이 아닌 역풍을 다 견디어 낸다는 것은 참으로 대단한 것이다. 이렇게 최후 소망인 꽃을 만개한다는 것은 우리에게 노력 없이 성과를 거둘 수 없다는 메시지를 더해 준다. 참으로 나는 그 춘란에 대해 감사함 속에 '자연의 생명력이 이렇게 신비하게 움직여 가는구나!' 하는 깨달음을 주는 한 계기가 된다.

이렇게 만개된 꽃에는 벌이 꿀을 따기 위해 모여든다. 그 벌은 꽃가루를 받아가면서 절대로 꽃에 상처를 주지 않는다. 오히려 그 벌은 암수 꽃가루를 정받이 시켜 열매를 맺을 수 있도록 도와주는 역할을 한다. 이 세상은 은혜의 선물이라 한다. 은혜의 기운 속에 화목과 행복이 있다. 은혜를 받으면 그 은혜에 보은할 줄 아는 지혜가 절대로 필요하다.

허나 우리 사람 사회는 이를 망각하고 살아가는 경우 많다. 사람들은 타인으로부터 자기가 필요한 것을 취하면서 상처를 주지 않으면 얼마나 좋을까 만은 그렇지 못하다. 내 것만 취하기에 급급하여 타인에게 상처를 내면 그 상처가 썩어 내가 취할 근원조차 잃어버리는 경우가 허다하다. 그래서 배은하는 경우에는 사회적 불평불만이 만연하고 원망의 원성이 극에 달한다. 심지어는 불신하고 원착이 극에 도달하는 경우도 있다. 참으로 안타까운 일이다.

따라서 사람과 사람 사이에서도 꽃과 벌 같은 관계가 이루어진다면, 우리 사회는 아름다운 삶의 향기로 가득할 것이다. 그래서 우리는 내공으로 다짐하는 서원을 해본다. 내 몸 안의 가슴 속에서 사랑의 우물을 깊이 파 놓고 아낌없이 나누어 주는 은혜의 폭을 만들어 간다면 상생의 꽃 속에 향기가 상존할 것이다. (2008. 5. 20)

청초에게 보내는 단상

봄기운이 땅 밑에서 서서히 맑고 밝고 훈훈한 기운을 분출하며 세상을 바꿀 준비에 분주하다. 대지 위에서는 수목들이 동면에서 깨어나 묵은 기운을 훨훨 털어버리고 봄기운에 씨눈이 마치 개벽이나 하려는 듯이 꽃망울의 모습을 보여주는 순간, '이젠 겨울이 가고 봄이 오는구나!' 하는 느낌 속에 우리네 마음도 어느덧 봄이 오고 있다. 허나 아직도 겨울의 여운이 남아 매몰찬 북녘의 바람이 간간히 불어오고 있으니 잠시 나를 바라보고 나를 확인하라는 자연의 메시지인가 하는 생각이 든다.

우주의 성주괴공과 자연의 사계절의 변화는 불변이기에 우리에게 많은 깨침과 가르침의 진리를 준다. 어느 것 하나 예외 없이 때가 되면 순응하면서 변화하는 모습 속에 역행함이 없으니 참으로 우주의 진리는 많은 가르침을 일깨워 준다. 오직 자연의 은혜에 감사할 뿐이다.

어제 동료들과 함께 연천군에 위치한 고대산을 올라가는데 눈 덮인 등산로 위에 수많은 들꽃들이 앙상한 가지와 말라붙은 잎새에 간간히 눈꽃 옷을 입고 봄날의 따뜻한 햇빛을 기다리는 모습이 눈에 들어왔다. 그 중에서도 들꽃의 가냘픈 줄기에 매달린 잎새마다 겨울바람에 흔들리며 사각거리는 소리가 말을 건네는 것 같았다. 그 순간 '내 자신이 자연의 한 권속이구나!' 하고 동화되는 느낌을 받았다. 이 소리를 듣는 순간, 내 자신이 경계 속에서 잠시 자유의 몸이 된 듯한 착각이 든다. 하늘도 나를 축복해주는 것 같고, 차가운 바람도 머뭇거리며 축복해 주는 느낌이다. 자연의 은혜를 온몸으로 읽을 수 있는 시간이라 더더욱 감사하다.

어느 철학가가 "심지어 해탈을 향한 욕망도 속박이다." 하였지만, 나는 자연을 마음껏 욕심 부리고 싶다. 자연의 일부가 되어 동화된 느낌을 받는 순간, 나는 그 자연의 소리와 빛을 들을 수 있고 볼 수가 있어, 욕망의 속박이 아닌 자유의 몸이 되는 것 같은 느낌을 받는 것이다.

'도방하(都放下)' 라는 말이 있다. 이 의미를 생각하면 하나도 갖지 않았다는 생각까지 떨쳐버리라는 의미다. 아마 쉽게 실천할 수 있는 것은 아니리라. 놓아버렸다고 고집한다면 결국 깨닫지 못했다는 것이라고 말씀하시는 분이 있다. 그런데 '욕망' 이 없다는 것이 우리에게 가능할까? 마음을 가지고 있는 한, 그 마음은 무엇인가를 원하고 있다. '이기적인 욕망을 이타적인 자비심으로 바꿀 수만 있다면 그것이 자유를 얻는 길임을 바로 알게 된다는 의미를 부여할 수 있을까?' 하는 의문이 생기기도 한다.

"은혜를 베풀었다는 마음을 내려놓지 못하면 은혜를 베푼 그것이 마음에 걸림돌이 된다." 며 상에 묶이는 경우가 흔히 있을 수 있다. 그래서 방금 전에 이야기한 것은 무상의 법문임에 틀림이 없다. 따라서 상을 놓아버리는 공부를 열심히 할 때 내 마음의 자유가 있다는 확신을 가지게 된다. 이번 겨울 산행을 통해서 내 마음의 자유를 자연의 품안에서 생각해보는 기회가 되어서 참으로 행복하다.

어느 선사에서 나누는 말씀을 생각해본다. '물소가 창틈을 지나가는데 뿔과 네 다리는 다 빠져 나왔는데 꼬리만 빠져 나오지 못했다.' 는 화두는 우리에게 많은 깨달음을 주는 말씀이다. 작은 것에 너무 집착하는 우리 사람들의 심리를 적절하게 표현한 말씀인 것 같다. 내 자신을 밑에 내려놓고 묶이지 않는 연습을 계속한다면 착의 뿌리가 드러날 것만 같은데 아마 이 마음도 착에 걸리는 마가 될 것 같다. 허나 이젠 봄바람이 사 없이 불어오고 있는 시점에서 봄바람이 이리저리 흩날리는 순간 풀씨는 이제 우리가 살고 있는 어느 구석에서나, 인적이 닿지 않는 산야에서 곧 싹을 띄울 것이라 생각이 된다. 아무쪼록 내 자신을 내려놓고 묶이지 않는 올곧은 마음을 가져보도록 대광봉 정상에서 간절히 서원한다.

나의 서원

차가운 바람 온몸에 몰아치네
허나 흐르는 시간 속에
능선 한 줄기 언덕에 부여잡고
에움길 수목아래 바위에 걸터앉아
두 손 합장하며 간절히 서원하는
내 입가에 서린 기운은
한 송이 꽃처럼 내 마음이 열리네
수목과 바위와 바람과 하나 되어
천지의 고운 소리 귓가에 들려오네

행복의 진수는 무엇일까?
일깨워주시는 말씀
순수한 마음 백설같이 간직하여라
따뜻한 마음 화로처럼 간직하여라
배려와 정직한 순수함이
인생에 알곡스러운 원천이라네
세월이 켜켜이 쌓아가는
대광봉 바위돌에 채색되는 서원
인고 속에 만들어진 본연 그 모습
비워보고 서원하는 모습
진리의 별뉘로 감사하는 마음
간직하고 살으리라 염원합니다. (2009. 2. 21)

4월의 내 마음은?

4월은 서양의 어느 시인이 "잔인한 달이다." 라고 노래했다. 이는 그 당시의 상황을 노래했지만 요즈음처럼 날씨의 변덕으로 차가움이 우리 곁을 떠나지 않는 시점에서 생명을 구가하는 수목들과 꽃봉오리는 수없는 고난과 아픔의 상처가 가시지 않는다. 따라서 그 정체성을 드러내기 위해 끊임없는 내성을 강구하고 있다. 날씨의 이상기온은 예년에 볼 수 없는 일인지라 우리가 만들어 낸 유물이라 무엇을 탓하기 앞서 내 자신을 들여다본다. 허나 모든 일은 자연의 탓으로 돌리는 경우가 많으니 우주 자연이 이를 반길 수 있을까? 하면 안이한 마음을 가지는 우리가 문제임을 스스로 자인해 본다.

많은 꽃은 활짝 만개하지 않으면 자신의 존재를 알리거나 초록의 본색을 드러내지 않는다. 그러나 4월은 우리 마음에 꽃씨를 뿌리고 초록의 붓질로 밑그림을 그리고 있기에 대지는 서서히 물들여 간다. 어느 지인이 건네받았다는 안개꽃 한 다발에 노란 프리지어가 아름답게 보이는 계절임을 느끼게 한다. 사람은 누구나 태어나면 주인임을 자인하면서 주연으로 생각하고 그 행동을 한다. 허나 모든 삶에서 주연은 항상 있는 것이 아니라 때로는 조연으로 활동하면서 자신을 조화롭게 만들어 간다. 허나 욕심이 무엇이기에 모든 것이 다 주연으로만 활동해야 만족과 행복감이 온다니 참으로 어느 결에 조화가 이루어지겠는가? 참으로 아이러니할 뿐이다. 우리의 삶에서 주연의 욕심 때문에 때로는 당혹감을 느낄 때가 많다. 그 안개꽃을 바라보고 있노라면 "조연없는 주연이이 무슨 의미일까?" 생각을 해본다. 삶이란 원래 주연과 조연이 따로 없는데 어리석음의 크기만큼 농락당하고 사는 것은 아닌지를 생각해본다.

오늘 따라 안개꽃이 화창한 봄날의 노란 프리지어와 함께 어울림을 느끼는 것은 무엇 때문일까? 그 순간 더더욱 내 마음을 되돌아보며 지나온 삶을 되짚어본다. 주연과 조연은 하나인데 어찌 한 치의 넓은 세상을 바라보지 못하고 어리석의 노예가 되어버려 그 한 점의 초점에 맞추어 생활하고자 했던 내 마음이 부끄럽기만 하다.

제주도의 유채꽃이 선명한 빛깔로 다가오는 이유는 무엇일까? 스스로 자문해본다. 아마 유채꽃이 주연 같다는 아름다움이 있기 때문일까? 그렇지 않음을 생각하게 한다. 푸른 바다를 배경으로 하여 검붉은 현무암 돌담이 그 배경을 하기 때문이다. 분명히 유채꽃은 유채꽃의 아름다움이 있고, 검붉은 현무암의 특유의 빛깔 속에 돌담의 고풍스러움의 바람이 함께 하는 조화가 있기 때문에 자연의 풍경이 그렇게 아름답게 보인다. 주연과 조연은 내 마음에 있다. 관점에 따라 내 마음 작용할 때마다 그 하나임을 명심해야 한다. 자연이 가지는 그 모습은 주연과 조연이 어디 있겠는가? 하면서 스스로 자문하면서 내 삶에 있어서 주연처럼 착각하며 살아가는 부질없는 생각을 떨어버린다.

하나의 언어는 하나의 문화를 만들어 낸다. 잘못된 언어는 분명 잘못된 문화를 만들어 낸다. 그런 맥락에서 보면 우리의 무지가 얼마나 말의 길을 잃어버리게 하는지 반성하게 한다. 그 예를 생각하면 "환경오염" 이란 말이 어찌 환경이 그 스스로 오염한다는 말인가? 환경은 절대로 그 스스로가 환경을 오염하지 않는다. 환경은 스스로 환경을 오염하거나 정화하지 않는다. 이 주범은 만물의 영장인 우리 사람이다. 즉 사람이 오염의 주범인데 살며시 아닌 것처럼 말장난을 하고 있으니 참으로 우스꽝스럽기만 하다. 우리는 무지의 습관으로 교묘

한 언어의 위장술을 빌려 변명하고 있을 뿐이다. 흔히 말하기를 "환경오염은 인간의 오염이고, 환경오염의 수치는 인간의 오염의 수치임을 거부하는 그 자체가 죄일 뿐이다."

따라서 말이 말 같을 때 마음이 움직이고 행동이 따라가는 법이다. 말이 말 같지 않으면 마음이 움직이지 않고 행동은 굼벵이처럼 더딜 수밖에 없다. 4월에 원불교 열린 날을 맞아 모두가 은혜입니다. 하면서 은혜에 대한 감사한 마음 그 한 마음 속에 우리의 무지하고 오염된 마음을 털어내고 맑고 밝고 훈훈한 마음속에 봄날의 잎사귀마다 은혜임을 각인하여 봄날의 기운을 함께 나누는 기운을 모은다면 모두 행복의 삶을 누릴 수 있을 것이다. 어둠에 방황하기보다는 작은 촛불 하나를 밝혀가면서 생동하는 4월인 은혜의 달을 맞아 다함께 참 기쁨을 함께 하기를 염원한다.

오늘 기도하는 두 손 너머 위태롭게 지고 있는 잿빛 저녁노을과 생살을 도려내는 아파하는 이 땅의 산하에도 은혜의 참 기쁨이 함께 할 수 있기를 염원한다. 산하에 작은 묘목 하나라도 심어보는 4월이 되고, 심어진 나무 하나하나에 정성을 다하고 함께 자라나고 함께 살아가는 우리가 되었으면 한다. 그 속에서 내 마음은 훈훈한 기운 속에 진공묘유한 모습을 자리 잡아 성숙할 것이다. (2010. 4. 16)

5월의 추억

초록으로 물든 5월의 천지! 엊그제 비가 온 탓인지 일요 아침, 시야가 탁 트여 온 세상이 참으로 깨끗하고 시원하게 보인다. 어느 때보다도 시야가 맑고 밝아 오전에 내자와 함께 교당 법회를 보러 가는데 오늘따라 한강의 물줄기가 유난히도 푸르고 여유로워 마음도 발걸음도 가볍고 시원하다. 검단산과 예봉산을 비롯한 주변이 초록으로 단장되어 청신한 느낌을 준다.

오늘은 내자와 저녁을 먹고 느지막해서 한강 고수부지로 산책을 나갔다. 그동안 여러 차례 이곳으로 산책을 나왔지만 오늘처럼 신록의 상쾌함을 느껴보지는 못했다. 아마 내가 금년 들어 근무지가 자연의 혜택을 많이 받는 곳이 아니기 때문에 오늘 밤의 분위기가 더욱 새롭게 느껴지나 보다. 5월의 달밤, 그 은은한 달빛 아래에 서서 건물이며, 산이며, 나무며, 빈 가지며, 같이 걸어가는 내자의 모습이며, 하늘에 떠 있는 둥그런 달을 쳐다보았다. 달빛에 비친 사물의 실루엣이 신비롭게 느껴지는 순간, 행복하다는 생각이 들었다. 불가에서 말하는 선(禪)의 즐거움을 느끼는 순간이다.

금년 들어 여러 번 경계에 와 닿을 때마다 내 본 모습을 다 잊어버리고, 아울러 굴절된 생각에 상대의 있는 모습을 다 보지 못하면서 상대를 원망하고 탓하는 어리석은 행동을 하다 보니 내 자신이 부끄럽기만 하다. 엊그제 내자의 생일이기에 꽃다발과 더불어 '하나로 흐르는 물' 이란 제목으로 한 편의 시를 올렸다. 그 내용은 서로 어려운 역경과 시련이 와도 마음과 몸을 하나로 모아 살아가고자 하는 서원하는 내용이다. 중간 단락의 일부를 잠시 생각해본다.

"당신과 나 물처럼 흘러가고 있다. 자나 깨나 함께 따로 흩어지지 않고 철저히 하나로 섞여 흐르는 당신과 나는 물처럼 흘러가고 있다." 여기서 노래하고 있듯 상대방의 마음이 나와 일치되었으면 하는 열망이 함축되어 있다고 볼 수 있다. 허나 오늘 저녁 문득 상대의 모습을 바라보면서 나의 잘못된 생각, 즉 나만의 욕심이 있음을 읽게 된다. 참으로 엄청남 과오임을 깨달았다. 내자가 나와 맞추어 가는 모습으로 생활하기를 바라는 욕심은 나만의 이기주의다. 진정으로 상대방을 사랑하는 내 마음이 존재한다면 다른 모습에서 상대의 본래 마음자리를 알아 이해하고 공유할 때에 멋진 조화가 이루어질 것이라 생각된다. 내 마음에 비춰진 내자의 모습을 상대방의 입장에서 읽고 반응을 보일 때 상대방이 스스로 만족하고 감사할 것임을 오늘 산책길을 통해서 한 수 배우는 한 계기가 된다.

누구에게나 있는 그것, 바로 그것을 보는 것이 잘 살아가는 방법이라 한다. 그러기에 나 자신 속에 그 순수하고 밝고, 깨끗하고 영롱한 생명이 간직되기를 언제나 염원하고 기도하고 있다. 누구에게는 있고, 누구에게는 없는, 어떤 때는 있고, 어떤 때는 없는 그런 것 없이 항상 존재한다는 믿음이 나를 행복하게 만드는 힘이다. 그러면서도 아무런 흔적도 남기지 않는 것이 최고의 행복이라 한다. 허공에 나는 새가 자취를 남기지 않듯이 그런 정경을 그려보면서 내자와 깊은 5월 밤을 거닐면서 서로의 감사를 느낀다.

대나무 그림자로 섬돌을 쓸지만 티끌 하나 움직이지 않는다. 대나무가 움직일 때마다 마당에 비친 대나무 그림자도 함께 움직인다. 그러나 아무리 대나무 그림자가 마당과 섬돌을 쓸어내려도 마당위의 티끌은 꿈쩍도 하지 않는다. 교교한 보름달빛이 맑은 연못 밑바닥까지 환하게 비춘다. 거기에는 흔적이 남을 까닭이 없다. 이렇듯 조작적이고 인위적인 마음이 철저히 비워진 무심한 마음으로 살아가면 거기에는 흙먼지 하나 날리지 않는다. 꾸밈이 없는 마음, 깨끗한 마음에는 이렇듯 흔적이 없다. 마음을 모아 집중해 들어가며 닦는 것이다. 고요하게 내면으로 깊숙이 들어가 마음이 움직이는 모습을 보는 것이다.

마음 바닥으로 곧바로 들어가 그 깨끗한 본바탕을 가리고 있는 모든 쓰레기를 치워내고 그 본바탕이 살아 움직이게 하는 것이다. 나뭇가지 하나하나, 잎사귀 하나하나를 윤기 있게 하기보다는 뿌리와 줄기 그 자체의 생명이 드러나도록 하는 것이다. 그래서 가지가 무성하게 뻗어나가고 잎사귀에서 푸른 생명을 발하게 하는 것이다. 흘러가는 물을 깨끗이 하면서 근원으로 거슬러가기보다는 물이 솟아나는 샘물 바로 그 자리로 들어가 샘물이 펑펑 솟아나게 하는 것이다. 곁가지를 가지고 왈가왈부하는 것이 아니라 근본을 확 바꾸어 버리는 것이다.(2006. 5. 30)

조팝꽃 향기

어제는 내가 재직하고 있는 학교의 개교기념일이라 하루가 재량 휴업일이다. 그래서 등산준비를 하고 교당으로 발걸음을 옮긴다. 교당은 오늘부터 원불교 열린 날을 맞아 4월 중 법잔치, 은혜잔치, 재롱잔치에 이어 1주일 기도 기간이다. 그래서 며칠 전에 약속한 교무님 두 분과 함께 기도를 마치고 북한산에 산행하는 시간을 가진다.

다소 바람기가 있지만 그래도 봄바람이라 생기와 함께 따뜻함이 배어 있었다. 북한산 입구에 당도하니 여기저기 새움이 돋아나는 나무들의 풍경이 신선해 보인다. 도처에서 풍겨오는 봄 향기가 코 안을 진하게 자극한다. '그래, 봄은 봄이지만 더디게 오는 봄이라 누구를 탓할 수 있겠는가?' 하면서 거슬러 올라간다. 올라가는 길목은 서로 길게 늘어뜨린 진홍빛 진달래와 철쭉꽃이 봄바람에 나풀거리며 춤을

춘다. 수많은 수목가지는 싹눈이 이제 막 트여 그 청순함이 발길을 머무르게 하며 시선을 집중하게 한다. 참으로 신선한 충격을 받는 순간이다.

그렇다. 때가 되면 때를 알아 그 기운을 이어주는 것이 자연의 이치다. 그 신비로움을 주는 것은 자연이 최고임을 항상 느끼는 바다. 산길을 오르며 발끝에 부딪히는 돌맹이와 바위들이 무질서하게 흩어져 있는 듯이 보이지만 오히려 오묘한 조화를 느끼게 하고, 그 사이사이에 들꽃들이 봄기운에 힘입어 그 자태를 보여주고 있으니 그 꽃이 더욱 눈길을 끈다. 이런 아름다움이 내 마음을 빼앗아가는 듯하다. 머지않아 모든 수목들이 초록빛 단장을 할 것 같다. 잡목과 고목처럼 보이지만 그 나름의 역사를 간직하고 있다. 나무 위에는 빛나는 별같이 하얀 꽃이 소복하게 내려 피어 있고, 조팝꽃도 때가 왔는지 가득 피어있다. 철쭉꽃과 진달래꽃이 때의 순서를 알아서 피어나지만 여기에 와 보니 순서 없이 계곡능선에 따라 길목에 자리 잡아 산행객의 발걸음을 맞이한다. 꽃잎이 자잘하고 빽빽함이 봄 속으로 머리를 내밀어 봄이 왔음을 전해주는 전령사 노릇을 한다.

금년 봄에는 추위 탓에 꽃들이 더디 피어난다. 아마도 냉해를 입어

다 피지도 못하고 누렇게 시들어버린 꽃도 다소 있으리라. 그래도 꽃망울이 솜털 보송보송한 하얀 껍질에 감싸인 채 빠금히 원색 꽃빛을 내비치는 건 그지없는 사랑스러움이다. 마치 나비가 허물 벗듯 찬란한 꽃잎을 펼치며 세상으로 나서는 건 벅찬 경이로움이다. 오늘 따라 조팝꽃이 산 정상이 아닌 입구에 군락을 이루어 피어있는 모습이 하얀 소금을 뿌려 놓은 듯, 아니 여인네의 속살을 내보이는 듯 하얗고 뽀얀 모습이 한 장관을 이룬다. 시골에 가보면 메밀꽃이 필 무렵 하얀 속살 경연대회나 하듯 장관을 보여 주었는데 그런 풍경을 북한산 자락에서 바라보는 순간 내 자신이 조팝꽃과 한 몸이 된 듯한 물아일체의 경지를 느끼게 한다.

오늘 따라 북한산을 오르면서 숨이 차고 힘들지만 생활 속에 젖어 있던 분별심 · 주착심이 녹아내리면서 많이 사라진다. 참으로 땀으로 범벅되지만 분별심 · 주착심이 하나둘 사라지니 오히려 마음은 깃털처럼 가볍고 상쾌하다. '왜, 나는 평상시에 청명함을 바라보지 못할꼬?' 하면서 내 내면을 바라본다. 그렇다. '쓸데없고 부질없는 욕심의 벽이 두터워 어둠 속의 터널을 빠져나오지 못했기 때문이구나!' 하는 내 마음을 본다.

오늘 따라 하산하면서 조팝꽃 군락지를 바라보고 내 마음을 돌아볼 수 있는 소중한 기회를 가졌다. 주산 불자의 삶을 넓고 풍부하게 만들 수 있는 소중한 기회임을 확인한다. 왜냐하면 경계가 왔을 때 마음공부를 어떻게 하느냐에 따라 큰 차이가 난다. "나의 잘못을 기억하되 상대방의 잘못을 잊고 드러내지 말라."는 법문 말씀이 생각난다. '언제나 내 마음을 들여다보면 때에 따라 상대방을 따뜻하게 대할 수 있다는 생각을 언제나 유념해야 하는구나!' 하는 깨달음 속에서 조팝꽃 향기가 주는 메시지가 나의 깨달음의 빛이 되어준다. 참으로 오늘 조팝꽃을 바라볼 수 있는 기연을 가짐에 감사한다. 마음공부에 더욱 관심과 정성과 열정과 의연함 속에 경계를 바로 읽고 대처한다. 내 자신을 찾아가는 길목에서 만난 조팝꽃을 바라보니 코끝이 향기로울 뿐이다. (2011. 4. 26)

교정에 피어있는 장미

내가 몸담고 있는 학교 교정 화단에 교무실 창 너머로 보이는 한 떨기 장미 송이가 있다. 나는 이 장미꽃을 나만이 관심과 애정을 주고받는 '삶의 솔메이트'라 부른다. 마음에 내재된 희로애락을 나누면서 여러 사람에게 주고받을 수 없는 내 생각과 정서와 감흥을 온통 교감하면서 한 떨기의 장미송이로 하여금 밝고 맑은 영성의 소리를 듣는다. 참으로 행복한 순간이다. 이 순간 나의 번민과 고뇌 속에 쌓인 피로감과 중압감이 마치 거미줄 풀어 가듯 살며시 풀려갈 때의 기쁨은 무엇으로 형언할 수 없이 충만하다.

나의 솔메이트인 장미 송이는 고덕 식구들과 호흡을 같이 하며 '고덕인'이 되어 버린 지가 오래다. 그래서 그런지 어떤 착심도 없이 어떤 선택됨도 없이 고덕인의 자긍심을 한 아름 간직한 채 그 멋과 아름다움을 선사하고 있다. 아마 장미 송이는 우리네 속 좁은 마음을 확연하게 뚫어주는 메신저 역할도 하면서 때로는 우리네 거울이 되어 목탁, 소금의 역할을 해주고 있다.

나는 이따금씩 참으로 그 진수를 보여 달라고 응시하는 눈빛을 보이지만 나에게 응시한 기운을 몰아주지 않는다. 참으로 이상하다고 원망도 해보고, 미흡하다는 표정도 지어보지만 그럴수록 나와의 코드가 더욱 멀어지는 것 같다. 그래서 잠시 눈을 감고 장미송이 모습을 온통 그려보면서 그 전체를 바라본다. 그 작은 한 떨기의 장미이지만 내 마음에 거대한 장미송이가 그려진다. 그 순간 깨닫는다. 매사에 내 마음의 폭을 넓혀서 '나만' 이라는 비좁은 생각을 버리자! 함께 나누고 전하는 장미 송이의 멋과 운치를 배우는 한 계기가 된다.

나의 솔메이트인 장미 송이는 그 생명의 존귀의식을 간직한 채 의연한 모습으로 향내를 풍기면서 하루하루의 즐거운 벗이 되고 있다. '이 장미꽃과 마음을 같이 나누며 생활하는 사람이 몇 사람이나 될까?' 하는 의문을 가져본다. 왜냐하면 요즈음 생활이 분주하다보니 나와 관련이 없는 일에는 관심을 가지지 않는 일이 상례기 때문이다. 무관심 속에 외로움이 나의 본래 모습을 주름지게 만들고 우울하게 만든다. 이 장미는 역시 '우리 식구들이 내 관심 밖이다' 하며 체념하고 자기 본래 자리 찾기에 여념이 없다. 이른 봄부터 땅 밑의 따뜻한 생명의 기운을 받아 봄 준비를 한다. 언제나 끊임없이 자신의 자태를 꿋꿋하게 지키면서 본래 모습을 보여주고 있으니 참으로 의기양양하다.

창 너머로 바라보면 볼수록 내 보이는 장미꽃 속내는 순결하고 정렬적인 면을 한 몸에 머금고 있다. 장미꽃의 멋과 운치가 극에 이른다. 여기저기에 산재되어 피어있는 담장가리개 장미와 견줄 수 없는 의연한 모습을 보이면서 가을하늘에 한 폭을 장식하고 있으니 고덕인의 자랑거리다. 여러 송이도 아닌 그 한 송이가 외로움도 마다하지 않고 고덕인과 함께 호흡하고 있으니 고덕의 산 증인이다. 내 학교생활에서 솔메이트 역할을 하는 장미송이의 의연한 모습을 바라보면서 다음과 같은 교훈을 새겨본다.

어떤 세파에 시달려도 굴하지 않고, 그 대상을 선별하지도 않고 그 본래 자태를 간직한 채 원근친소를 초월하여 착심 없이 모두를 즐겁게 해준다. 오늘도 꽃송이의 흔적은 없지만 그 때의 청초한 모습을 생각하면서, 고덕의 가장 넓은 치마폭을 펼쳐 보이는 창가 너머로 보이는 장미송이를 그리면서 잠시 내 마음 자리에 한 송이 장미꽃을 그려본다. (2004. 10. 28)

봄의 향연

사람은 '죽는다' 는 사형선고를 받으면 자신의 삶을 되돌아본다고 한다.
이때에 모든 것을 내려놓는다고 하며 바람 한 점도,
일상의 모든 것도 새로워진다고 한다.
나를 되돌아 볼 수 있는 기회는 소중한 삶의 여유이다.
서재에 앉아서 녹차 한 잔을 마시면서 은생어해, 해생어은의 뜻을
깊이 생각해 보며 깨달음의 기쁨을 맛보았다.

봄이 주는 가르침

봄볕에 생명력 넘치는 리듬소리가 지상, 지하 어느 곳에서나 한창이다. 생명의 소리는 거룩하고 신성하다. 그만큼 생명의 소생은 소중하고 고귀하기 때문이다. 봄의 태동하고 있는 이때 나의 생활 속에도 봄기운 오듯 내 의식이 깨어나고 있을까? 나를 응시해본다. 이젠 겨우내 입었던 무거운 외투를 벗어놓고 가벼운 옷으로 갈아입으며 옷의 변화만큼 내 마음의 변화도 기대해 본다. 바로 밖에 드러난 봄을 맞이하는 외적 모습은 한결 부드럽고 새롭기 만하다.

그러나 안이비설신의 육근이 동할 때에 수많은 잡념이 파도처럼 몰려온다. 이 순간에 '이 거센 파도를 어찌할꼬?' 하는 의문 속에 일념의 표적을 본다. '여러 갈래의 마음이 하나 되는 것이 그 얼마나 행복할까?' 하면서 나는 하나 되는 마음이 부족하다. '내 본래 마음에

옥에 티가 있구나!' 하는 그 생각에 내 마음이 옭매인다. 그렇다. '삼배 천에 바람이 지나가듯이 막힘없는 내 마음이 어디가고 이렇게 어지럽게 맴돌고 있을까?' 하는 생각 속에 '하나의 마음의 자유를 얻는 것이 그 얼마나 행복할까?' 하지만 그 자유를 찾아가는 것이 그리 녹녹하지는 않다.

그래서 '내 마음을 일깨워 간다는 것이 무엇일꼬?' 하는 생각 속에 ''깬다' 는 것은 무엇일까?' 하면서 내 자신을 본다. 진정 내 자신이 해야 할 일은 지금 이 순간을 있는 그대로 수용하는 것이다. 진정한 자신을 발견할 수 있는 지금과 이곳은 물질적인 몸, 변덕스러움 감정, 수다스런 마음 그 너머에 있다.

사람은 '죽는다' 는 사형선고를 받으면 자신의 삶을 되돌아본다고 한다. 이때에 모든 것을 내려놓는다고 하며 바람 한 점도, 일상의 모든 것도 새로워진다고 한다. 나를 되돌아 볼 수 있는 기회는 소중한 삶의 여유이다. 서재에 앉아서 녹차 한 잔을 마시면서 은생어해, 해생어은의 뜻을 깊이 생각해 보며 깨달음의 기쁨을 맛보았다.

오늘도 저녁기도를 마치고 체육관에 갔다 교당입구 현관에서 독서를 하는 중에 교무님께서 외출을 가셨다 오신다. 홈플러스에서 약과

구두 솔을 구입해오셨다고 한다. 당신께서 만덕산에 오르실 때 신은 신발이 뿌옇고 낡아버린 것 같아서 그 신발을 닦기 위해 구두약을 구입해오셨다고 한다. 나는 교무님의 신발을 받아들고 그 구두약으로 닦아 드렸다. 고된 산행으로 낡고 헐어 볼 품 없는 신발이었지만 닦으니 새 신발이 되었다. 그렇다. 쓰레기통에 버려질 정도로 헐고 낡은 신발이 새 신발처럼 된 것을 보며, 기쁨과 행복을 창출하는 것이 크고 멀리 있는 것이 아니라는 생각이 든다. 애정을 가지고 갈고 닦을 때 기쁨도 행복도 창출되는 것 같다.

안다는 것과 깨닫는 것은 별개다. 아는 것은 깨달음의 시작이다. 깨닫기 위해서는 우선 안다는 것이 매우 중요하다. 무엇이고 알아서 그 구조와 원리를 살펴가면서 자신을 일깨워갈 때에 지혜가 생기고 그 속에서 '아차, 이것이구나!' 하는 생각이 든다. 이것이 바로 깨달음이다. 이 깨달음이 무엇이든지 할 수 있다는 자신감과 용기의 힘이 된다. 모든 일은 할 수 있다는 자신감 속에 꿈을 실현할 수 있는 것이다. 생활 속에서 경계가 올 때에 자신을 옭아매는 것으로부터 벗어나는 일 그것이 내 안에 깨달음의 씨앗이 되기 때문에 그 속에서 마음의 자유를 얻어 큰 에너지가 방출되는 것이다.

존재하는 모든 것의 신성함을 깨닫는 것, 있는 그대로 받아들이는 것, 그래서 나의 내면이 평화롭고 고요할 때 침묵의 소리에 귀 기울일 수 있는 것이다. 이런 분위기는 봄의 향연잔치를 북돋아주고 있다. 봄 향연 열기 속에 공과 색이 둘이 아닌 것을 깨달을 때 내가 무엇인가에 매달리는 마음을 내려놓을 수 있을 때 그 순간이 나를 비우는 순간이다. 심신이 아플 때에 업장을 생각하는 순간, 우주의 진리인 인과보응의 이치임을 생각할 수 있다.

우리 삶에서 생존한다는 것, 그 자체는 경쟁의 틈바구니를 넘나든다. 모든 것이 물샐틈없이 간과되지 못하는 삶에서 오는 각박함은 마음의 여유를 자극한다. 우리 삶이 이런 삶을 벗어나지 못하고 모든 경쟁이 상생이 아닌 상극 관계라면 마음의 여유가 없다. 모든 관계가 상생의 평화 속에 이루어진다면 그것이 삶의 원천이고 행복이다.

오늘날 우리 삶은 수없는 만남 속에서 상생과 상극의 업을 짓고 살아간다. 어느 때는 감사하고 즐겁지만 어느 때에는 원망스럽고 보기조차 싫은 경우가 있다. 결국 고통을 만들어 내는 것은 분명 내 마음에서 시작되는 마음의 주인인 자기 자신임을 알게 된다. 오늘도 봄의 생명 소리에 귀를 기우려 내 막힌 마음을 풀어 펼쳐가는 여유 있는 불자가 되도록 간절히 서원한다. (2011. 4. 1)

봄 전령사 소리가 들리는구나!

우리나라는 사계절이 뚜렷해서 계절마다 자연이 아름다운 향연을 벌이는 것 같다. 마치 천에 여러 색깔로 수놓듯 사계절의 색깔이 선명하고 다양하다. 우리는 예로부터 자연의 향취를 즐기며 온유함을 간직한 민족이다. 그 계절의 맛깔스러운 음식, 그 지역의 아름다운 꽃, 강줄기 위에 흐르는 하천에 다양한 민물고기의 서식지 등을 바라보면 계절의 소식을 전하는 전령사들의 움직이는 소리가 생명력 넘친다.

특히 버들치는 하천에서 서식하는 민물고기로 버들가지 아래에 떼를 지어 몰려 다닌다. 버들치가 사는 강물은 오염을 줄이려고 세제도 쓰지 않기에 청정지역이다. 이곳에서 버들치가 사는 봄날의 정경은 따뜻할 뿐이다. 봄볕을 뒤로하고 하천 따라 강으로 유입되는 어구에는 황어 떼가 올라오기에 수많은 태공들이 무리를 지어 장사진을 이룬다. 이 무렵에 황어 떼, 버들치 움직이는 모습은 마치 봄소식을 전하는 전령사로 그 소리가 땅 속에서 묻어 오르는 땅기운처럼 생명력이 넘쳐나듯 하천의 잔잔한 물결 속에 한가함을 깨고 들려온다. 아마 묵정밭을 일구는 농부의 몸놀림처럼 여운을 남기며 순연스럽게 피어오르는 기운이라 봄소식 전령사 소리가 장단 맞추어 들려오니 봄을 맞는 흥겨움이 나를 반긴다.

봄날은 살아있는 자와 죽은 자가 구별 없이 축복한다. 봄이 오는 길목에서 생사의 경계는 녹아내린다. 그래서 시인들은 꽃이 피면 미친 듯이 황홀해지고, 꽃이 지면 '봄날은 간다' 를 슬프게 노래한다. 이젠 3월이 서산 녘에 지고 4월의 소리가 해맑게 들리어 온다. 교무실 창가를 열고 목련가지에 피어나는 꽃순을 바라본다. 그 어려운 여건 속에서도 흔들림 없이 청초하게 피어오르는 모습이 신기하기만하다. 요즈음처럼 아침저녁 밤에 떨어지는 기온 속에서도 원망하는 소리 없이 묵묵하게 피어오르는 모습이 참 거룩하기만 하다. 이런 상황 속에서 '항아리 같은 내 마음에도 꽃이 피겠지.' 기대를 해본다.

근무하는 사무실 창가에 놓여 있는 화초를 반겨본다. 참으로 예쁜 모습이 어쩌면 청초하면서 밝은 것인가? 잠시 눈을 지그시 감고 의문을 가져본다. 그 여건이 여의치 못함에도 때가 되니 자력으로 꽃을 피우고 그 향기의 진수를 드러내고 있으니 내 마음도 가슴위에 꽃으로 피어오르고 있는 기분이다. 아마도 그 꽃이 피기 위해 수많은 경계 속에 흔들림이 많았을 것이다. 허나, 그 모든 경계 속에서 그늘을 양지로, 눈물을 웃음으로 만들어 가기 위해 수많은 인고를 가졌을 것이다. 그 태연함 속에 그려진 꽃송이와 그 향기가 더욱 진동하고 있으니, 봄이야말로 우리네 마음을 꽃피우게 하는 계절임에 틀림없는 것 같다.

때가 오면 때를 잊지 않고 묵묵하게 피어오르는 꽃송이는 소박한 기운 속에 자신을 지켜가는 자존감이 거룩하고 신성하기만 하다. 전령사로 그 본분을 다하는 모습에 내 부질없는 상으로 아픔과 상처를 입는 내 자신의 멘토로 오늘도 봄소식 전령사 소리를 듣는 순간이 행복할 뿐이다. 봄 맞을 준비를 하면서 우리 학생들에게도 봄소식을 함께 들을 수 있는 마음의 문 열기를 서원해본다. (2011. 3. 11)

초목의 메시지

훈훈한 봄기운이 동면의 나그네 마음을 훨훨 털어 준다. 그 봄기운 덕분에 화사하고 향기로운 라일락 향기가 콧등에 찡하게 와 닿는다. 이 순간에 내 상념들을 멈추고 돌리고 세워서 내 본성 자리를 찾아간다면 그 얼마나 좋을까? 하는 바람이 봄기운 오르듯 한다. 오늘도 긴 겨울의 여정 속에 목마름의 흔적을 촉촉이 적혀주기를 바라는 수목처럼 겨우내 고갈된 내 마음을 달래주고 충전하는 참신한 소망이 분수처럼 솟아오른다.

그 결과 헛된 망념이 쉬지 못하고 내 진성이 치성하고 있으니 '목까지 타오르는 원망과 짜증의 마구니 어찌할꼬?' 하는 마음이 앞선다. '이 순간 요란하고 어지러운 내 마음을 그 무엇으로 달래볼까?' 스스로 자문자답을 해본다. '내 자신의 상을 거울에 비추어 본다면 어떻게 내 자신이 비춰올까?' 하는 의문이 떠오른다.

아마도 그 순간순간에 마음을 다스리지 못해 분별심 · 주착심이 가득 찬 내 무명의 그림자가 수없이 그려진다. 내 본성 자리가 연민의 정을 그린다. '연민의 정' 그 소리만 환청으로 끓어오른다. 허나 여기에 얽매이지 않고 언제나 내 마음공부를 통한 신념과 희망으로 내 본래 자리를 찾아 노력하고자 간곡하게 서원한다. 그 순간 내 모습이 때에 따라서는 미흡하다는 생각이 든다. 기도하는 마음으로 내 마음의 물줄기를 잡아가도록 노력한다. 마치 파란 녹이 낀 거울을 말끔히 닦아 버리고 내 모습을 바라보듯 다시 감사한 마음으로 위안을 가진다.

나는 금년 삼월에 전보발령으로 집 근처에 있는 학교로 왔다. 이젠 승용차와 인연을 멀리하고 인도와 인연을 맺어 걸어가는 습관이 생활의 한 방편이 되었다. 그 중에서 학교 뒷길로 오다보면 수많은 녹엽들이 때를 알고 때에 따라 갈아입는 초록의 새순들이 나에게 '우주의 성주괴공과 만물의 생로병사 진리'를 가르쳐 준다. 오늘 아침 출근길에 수목의 초록색은 유난히도 순수하고 담백해 보인다. 아마 나만이 받는 자연의 특혜를 받는 기분은 이기적 발상인지 알지만 하루 일과가 즐겁게 전개될 것이라는 예감이 든다.

흙냄새 인연! 아마 살아 숨 쉬는 향기가 나에게는 삶의 활력을 준다. 내가 아침마다 만나는 인연 중에 살아 호흡하는 향기는 나를 반긴다. 만나는 인연이 나에게 많은 영향을 내려주는 은해로 내 진로에 많은 빛을 준다. 향 같은 인연을 맺어 내 인생에 보금자리를 만들어 가고자 하는 소망은 나의 가슴에 언제나 자리 잡고 있다. 그 인연의 복이 내 삶의 보고임을 깨달아 가는데 흙냄새 인연은 나의 스승 역할을 해준다. 참으로 고맙다는 그 한 마음 속에 저 속에 왕성한 생명력이 있기 때문에 만물의 싹을 만들어주는 생명의 원천인 에너지에 감사할 뿐이다. 이와 같이 인연의 숲 속에 살면서 주고받는 지은보은이 우리네 삶의 행복이 씨앗임을 흙냄새로 맡는다. 오늘의 출근길은 새록새록 즐거움의 꽃이 피는 기분이다.

만남의 인연 중에 '희망을 주는 인연' 은 나의 복을 십 배, 백 배 키울 수 있는 계기가 되고, 내 삶의 활력을 주는 원동력이다. 그리고 '기도해주는 인연' 은 내 마음을 언제나 상극의 악연을 끊어 버리고, 상생의 인연으로 키워 가는 인연의 보고다. 아침에 기도하는 마음은 내 생활의 일과를 올바르게 이끌어 준다. 나를 찾고, 상대를 위한 불공하는 마음은 기도에서 나오는 것이 가장 순수한 마음이다. 상대를 위해서 적공하는 마음, 나를 참회하고 내 하루의 뜻있는 생활을 서원하는 원력을 진공묘유한 마음으로 언제나 펼쳐 간다면 내 마음은 언제나 행복할 것이다. 그 기운 속에 출근길은 내 마음이 초록의 수목들과 하나 되어 걷는 순간 온몸에 행복의 엔돌핀이 감돈다. 이 찰나에 약간의 땀방울이 맺히는 기분은 땀의 의미를 알 수 있고, 내 자신을 깨닫는 순간이기도 하다. '깨닫는 마음을 주는 인연' 은 좋은 향기를 느끼는 지름길이다.

나는 지천명에 접근해 가고 있지만 이따금씩 우물 안 개구리(坐井觀天) 식으로 생각하고 행동한다. 또한 내 고정관념(생활습속)의 자로 상대방을 재어서 판단하고 행동하기에 때로는 실수도 하고 때로는 원망도 한다. 따라서 나에게는 매사에 깨닫는 마음을 가지고 마음의 문을 열어 제치고, 상생 인연을 맺기 원한다. 나의 고루한 생각이 상대방에게 원망을 사는 경우가 종종 있다. 내가 이 문제를 해결하는 길은 출근길에 수목을 통하여 내 분수를 알고, 언제나 계절의 변화에 따라 자각하고 변하는 마음을 가져보는 아침의 출근 시간이다. 오늘 아침에도 출근길에서 만나는 초목 메시지를 받아가며 진공묘유한 마음을 그려보며 출근한다.

출퇴근길에 놓여 있는 수목의 덕은 내 마음을 일깨워 준다. 나는 언제나 수목을 대할 때마다 내 삶의 상생이요, 평화요, 희망임을 일깨워 주는 메시지를 전달 받아 행복하다. 수목은 내 마음이 반야에 깊숙이 있을 때 내 마음 속의 모든 소음을 사라지게 한다. 그러면서 나의 할 일을 찾게 해주는 힘과 빛의 역할을 해주기에 언제가 감사하고 수목을 벗 삼아 생활하고 있다. 수목은 경계를 당할 때마다 하심으로 초심을 읽는다. 수목은 하찮은 돌맹이 서로 팔매질을 하지 않는 덕을 가지고 있다. 그러기에 상호간에 눈부신 상생의 관계를 맺고 있다. 사계절의 변화 속에 자연은 변모해 가지만 내 마음은 답답하고 흐려진 마음으로 얼룩져 있을 때에 주변의 수목을 본다. 수목은 있는 그 자리에서 참하게 살아가고 있다. 그 수목을 바라보는 순간에 내 업장을 녹이듯 밝아지고 맑아져서 언제나 수목의 신록에 감사하고 내 생활의 동반자로 여긴다. 새 세기를 맞아 출근길에 수목은 나에게 희망을 심어주고, 기도하는 마음을 낳게 하고, 깨닫는 마음을 가지게 한다. 특히 수목은 말을 내지 않는 가르침을 행하기에 나의 삶의 반려자인 등불이다.

공생공존의 길은 내 자신이 시대적 변화에 능동적으로 대처하는 기질변화가 된다. 내 마음속에 기도하는 향기, 희망을 주는 향기, 깨달음을 주는 향기를 수목은 여여하게 문자 메시지를 전달하고 있다. 오늘 아침에 초록으로 물든 수목의 길을 걸으며 수목의 문자메시지를 실천하며 공도자로서 부끄러움이 없는 하루 일과를 염원한다. (2001. 3. 18)

봄바람 소리를 들어가면서

청량한 봄바람에 옷깃을 여미고 광활한 들녘을 거닐며 다정스럽게 이야기 나누던 시절이 선연하게 그려진다. 이맘때에 시골 아낙네들이 따스한 봄바람을 맞으며 자연과 하나 되어 둘레둘레 빵 둘러 앉아 냉이 캐는 모습은 마치 상생평화의 분위기를 자아내는 영화의 한 장면처럼 스치어 간다.

요즈음 봄바람은 황사 먼지가 섞여 호흡기 곤란을 준다. 심지어 지난 3월 일본의 해일 쓰나미로 인하여 원자력 발전소 붕괴로 방사능 유해물질이 바다로 흘러들어 많은 영향을 줄 뿐만 아니라 육지에도 많은 두려움과 아픔을 주고 있다. '혹시나 방사능 바람을 맞을까? 아니면 방사능이 섞인 비를 맞을까?' 하는 걱정하는 내 모습을 본다. 오늘을 살아가는 현실 속에서 또 하나의 경계가 생긴 것이다. 그 무엇이

나 믿어가며 함께 더불어 고루 두루 널리 나누며 살던 그 시절이 그립기만 하다.

허나 요즈음처럼 생존을 위한 생존은 이런 과정이 필수적이다. 우리의 삶은 생활 속에 편안함과 그 행복을 추구한다. 그러나 이런 생활의 전제조건은 생존이 선행되어야 한다. 그만큼 우리의 삶에 많은 경계가 있다. 지혜롭게 대체해 가는 자력심이 절대로 필요하다. '언제 어디에서나 정담을 나누며 살아갈 수 있을까?' 하는 생각도 해보면서 풍요로운 우리네 마음이 그립기만하다.

봄 들녘에 봄비 내리고 청초한 푸른 동산이 태동할 때, 소슬한 봄바람이 봄꽃과 나뭇잎을 스치며 청아한 봄의 색깔이 수없이 어린 거린다. 일렁이는 소리의 자잘한 속내를 들으려 귀를 살며시 열어본다. 내 마음이 열리지 않고는 들을 수 없는 풀꽃과 나뭇잎들의 어눌한 소리, 그 많은 사연이야 이 작은 가슴으로 다 담아 헤아려 보듬어 줄 수는 없다. 참으로 아쉬울 뿐이다. 하지만 나무와 풀꽃들의 촉촉한 이야기를 듣고 함께 울고 웃을 수 있어야 한다는 마음으로 이 세상에 서 있으려 한다. 그 동안 담고 있던 작은 구슬들을 엮어가면서 세상 밖으로 던져보고자 간절한 서원일념으로 오늘도 천천히 거닐면서 내 한 생각의 파편을 연결해 본다.

살맛나는 세상의 삶을 꿈꾸며 여행하는 마음으로 하루하루의 계획도 세우고 그를 실천해본다. 참으로 번잡함 속에서 나를 발견하고 채찍질하는 것이 그리 쉽지 않다. 왜냐하면 나를 잊을 수 있는 경계거리가 나를 묶어 놓는다. 나의 무관심, 나태, 무지함 등이 나를 속박하고 때로는 모르기 때문이다. 이런 경계가 왔음을 모르기 때문에 나의 인지가 부족할 때가 많다. 때로는 그 경계 속에 하나의 운명으로 체념으로 맞아들이는 순간이 있기 때문에 내 자신이 망가지는 경우가 있다. 즉 나를 놓아 버리고 상대방만 의식하는 생각 그 자체가 문제인 것이다. 그래서 서로가 마음이 건조해지고 원성과 원한의 벽이 두터워진다. 이 두터운 고리를 잘라내는 것만이 나를 자유롭게 만들 수 있는 길이다. 이것이 봄 소리 듣듯 귀가 열리고 마음의 가슴이 활짝 열려갈 때 비로소 나의 행복과 즐거움이 섭렵되는 것이다.

우리가 살고 있는 세대는 시간이 흐를수록 과거와는 달리 화려해지고 더더욱 화려해질 것은 분명한 사실이다. 사람들의 모습은 세상이 화려하게 변하는 것만큼 화려해 지고 풍요로워진다. 눈에 보이는 것은 화려해지고 풍요로워졌지만 사람들의 내면은 그렇지 않은 것 같다. 마음이 화려해지고 풍요로워져야 한다. 그래야 사람들의 삶이 풍요로워지고 행복할 것이다. 그럼 결국 살맛나는 세상이 되지 않을까 생각해본다.

오늘도 한 생각을 돌려보면서 무명에 가려져 있는 내 마음을 바라본다. '어찌 무명의 터널에서 벗어나지 못하는가?' 하면서 내 부질없는 욕심을 원망하면서 생각은 생각을 키우는 것임을 새삼 깨닫는다. 분수처럼 솟아오르는 부질없는 내 생각을 다 털어버리고 오직 모든 내 상념을 모두어 일심으로 내 마음의 상념을 여과해본다. 비록 부끄러운 일인지 알면서도 언제나 그랬듯이 이게 아닌데 하면서 결국 또 일을 저질러 가면서 나의 현 생활상을 그려본다. 그렇다. 모든 상념을 잊게 하고 지워버리는 일은 수없는 노력 속에 빗물이 바윗돌을 뚫어가듯 노력한다. 그 하나의 대서원 속에 정진하고 진급하면서 내 삶의 여행의 향기를 맡고자 노력할 때 비로소 그 여운 속에 나만의 향기가 피어오를 것이라 확신한다. (2011. 4. 28)

봄소식의 넉넉함은 무언가?

금년에는 예년과는 달리 봄기운이 더디 오는 것 같다. 그래서 누구나 봄의 생명력이 태동하는 소리듣기를 기다리기 때문에 꽃샘추위에 대한 원성이 더욱 크다. 허나 자연의 이치에 따라 갈 수밖에 없기에 순응해 갈 수 밖에 없는 상황이다. 이런 현상도 바로 우리 사람들이 만들어 놓고 자연을 탓하는 것이 어리석기만 하다.

'이런 기현상이 왜 일어나는가?' 를 알면서도 순간적으로 망각하고 탓하는 것이 우리의 어리석음이다. 이젠 자연의 현상에 대해 체념하고 이를 대비하는 마음으로 살아가야 한다. 하지만 머지않아 꽃바람이 불어오면 이윽고 온천지에 새싹들이 돋아나고 우리 주변은 봄옷으로 탈바꿈하는 것은 시간적이다. 왜냐하면 어김없는 계절의 순환에 따라 바뀔 것이 자명하기 때문이다.

우리는 겨울동안 몸에 걸친 무거운 옷가지뿐만 아니라 우리의 생각의 틀도 새롭게 마련할 준비를 하면서 봄이 온다면 나는 이렇게 탈바꿈해보겠다고 서원의 열기가 뜨겁다. 흔히 우리네 삶에서 똑같이 되풀이 되는 틀에서 탈피하고자 하는 소망은 대단하다. 누구나 현재의 삶은 과거의 삶과는 다른 모습으로 달라지기를 원한다. 왜냐하면 매일 그 날이 그 날이지만 새로운 날일 수 있기 때문이다.

계절이 변화됨에 따라 집안 단장도 계절감각에 맞게 치장을 한다. 이 때 겨울동안에 벽에 걸어놓았던 서양화 한 점을 걷어내고 새로운 사군자 그림이나 서예작품을 한 작품 그 자리에 걸고 싶을 때 내가 직접 그리거나 쓰지 않았지만 그 화가나 서예가 혼을 다해서 화보에 그린 그림과 서예 글을 나름대로 음미하면서 그 작가와 직접 교감하고 그 혼을 나름대로 상상해보기도 한다. 내가 그 작품에 내 생각을 담아 재구하는 마음이 작용되어 총체적으로 그 작품에 드러난 내 마음을 함께 그려 감상하는 내 습속은 참으로 그 작품에 대한 신선함과 매력을 준다.

우리 사회는 내가 성장할 무렵에는 절대 빈곤이기 때문에 누구나 함께 궁핍해서 우리의 도리와 정신적인 평온을 잃음이 없었다. 그래서 많은 사람들은 넉넉하지 못한 환경에서도 인간의 도리를 저버리거나 인간의 영혼이 타락하지 않았다. 하지만 오늘을 사는 우리네 삶은 다들 가질 만큼 가졌지만 우리의 삶은 때로는 회의와 불안을 안고 살아가는 경우가 많다. 모든 생명이 새 움을 틔우는 화창한 봄날에 멀쩡한 사람들이 생을 포기하고 도중하차하는 사람이 있으니 봄의 기운에 역행하는 삶이 바람직한 삶의 태도인가 회의감에 젖기도 한다. 우리는 무엇에 의해서 살아야 하는지 전도된 가치관의 탓으로 돌리기에는 삶이 매우 안타깝다. 우리가 갈망하는 것은 소유하는 것이 부라고 생각하는 나의 고정관념이 문제다. 부라함은 욕구에 따라 때로는 관점에 따라 상대적인 봄날에 온갖 것을 차지하거나 얻은 것이 없는 것을 가지려고 할 때 우리는 가난하다.

그러나 지금 가진 것에 만족한다면 실제로 소유한 것이 적더라도 안으로 넉넉해질 수 있다. 우리의 삶에 적은 것을 바라면 적은 것으로 해서할 수 있다. 허나 타인이 가진 것을 다 가지려고 하면 우리의 삶은 비참하다. 사람은 저마다 자기 몫이 있거늘 자기 것을 볼 줄 아는 사람이 되어야 한다. 때로는 처지와 분수 안에서 만족할 줄 안다면 이 상황이 바로 진정한 부자이다. 이 봄에 늦은 따뜻함이 다가오는 시점에서 고승의 한 말씀을 되새겨 본다.

"행복할 때에는 행복에 매달리지 말라. 불행할 때는 피하려 하지 말고 받아들여라. 그러면서 자신의 삶을 순간순간 바라보라. 그리고 맑은 정신으로 지켜보라."

이 말씀은 우리 삶에서 나뭇가지의 싹이 띄우는 녹엽과 그 화사한 꽃을 바라보는 현상에 내 마음을 허비하지 말고 그 나무의 뿌리가 어떻게 내려서 그 나무를 지탱하고 그 역량을 어떻게 발휘하여 수호해 왔는가를 생각하는 실상에 마음을 집중하여 내 마음이 봄기운처럼 트이는 내 마음을 봐야한다. 흔히 인과론을 생각하면 차근차근 마음이 트여 간다고 한다. 텅 빈 자리가 불성의 자리다. 따라서 인과를 따져보면 궁극에는 불성의 자리다. 한 생각 바뀌면 그야말로 무한한 세계를 볼 수 있다. 깨달음에 목표를 두고 살면 더럽고 해로운 것을 생각하더라도 살맛이 생긴다.

'봄소식에 담아오는 넉넉함은 무엇일까?' 하면서 나의 산란한 마음을 고요하고 두렷하게 하고, '좋다, 궂다.' 분별하는 마음이 허망임을 깨달아 참다운 내 품성을 찾아가는 것이 행복의 여의보주임을 스스로 마음속에 그려보면서 봄기운을 간절히 기대해본다. (2010. 4. 26)

수목이 주는 미덕

낙목한천(落木寒天)의 계절, 매서운 칼바람인 북풍이 불어오는 겨울이다. 벌써 한 해가 기울어가는 세모의 계절이라고 느끼는 순간 바람 소리는 더욱 크게 들려온다. 그 바람 소리에 고개를 들어 붉게 물든 하늘을 바라본다. 아득히 멀어지는 태양 속에 저 멀리 사라지는 것은 세월. 어제의 시간이 가면 오늘의 시간이 오고, 오늘의 시간이 가면 내일이 시간이 온다. 아마 시간은 늦게, 빠르게 가고 싶다고 내색하지 못하고 언제나 여여하게 흘러만 간다.

그러기에 우리는 세월의 흐름 속에 자신을 되돌아보면서 반성해보는 시간을 가져본다. 한 해 동안 원망과 화냄의 층, 고뇌와 상념의 층, 만남과 이별 속에 와 닿은 수많은 감정들이 겹겹이 쌓여 있다. 좋은 인연, 나쁜 인연, 이제 다음 해에는 털어버릴 것은 털어버리며 좋은 인연을 만들겠다는 신념과 의지와 열정으로 내년을 향하는 공부를 해야 하고, 그 취사선택을 해야 한다. 우리가 버려야 할 것들을 정리해보면 올 한 해 많은 짐을 끌고 왔다는 생각이 든다. 내 마음에 담아둔 탐착, 애착, 원착 속에 자라난 오욕, 번뇌, 망상, 미움, 원망, 화냄의 뿌리들이 지금도 자라가고 있으니 말이다. 한 해가 저물어 가는 끝자락에서 모두 원근을 잘라버리고 가벼운 마음으로 내년을 준비하는 마음이 숙제로 남는다.

그 과제를 해결하는 일이 내년 행복의 급선무다. 그 근원을 들여다보면 모두 내 마음에서 온 것이다. 맑고 밝은 마음보다는 아닌 마음이 점철되었고, 그 무게는 무거워 들어 올리지 못하고 관망만 하고 있다. 참으로 답답한 세월 속에 하얀 머리카락만이 휘날리는 꼴이었다. 이젠 버리는 연습을 해야 한다. 버리지 못함은 결국 나의 괴로움이 나를 억압한다. 인생은 나이 40에 이르면 보따리를 준비하라고 했다. 그 보따리에 내 고요하고 두렷한 내 마음을 쌓아가는 사람은 행복의 열쇠를 쥔 사람이다. 사람은 언젠가는 하늘이 부르면 가야할 날이 온다. 누구나 부름을 받는 순간 하던 일을 멈추고 심신의 출가를 해야 하기 때문에 놓고 정리하는 습속에서 나를 만들어 간다.

잎새를 떨궈 버린 겨울 수목들을 바라본다. 그 수목은 벌써 새파랗게 날이 선 추위에 떨고 있다. 허나 그 속에는 내일의 봄날이 온다는 강한 신념 속에 앙상한 수목들은 그들의 생명을 이어온 동안 간직한 것 중에 버릴 것과 소유할 것을 취사하는 모습에 숙연한 마음이 솟는다. 수목들은 하얀 산을 마주하며 서 있는 모습에 많은 메시지를 전해준다. 한해의 끝자락에서 내 자신을 되돌아보면서 '비움과 채움' 의 의미를 진지하게 깨닫게 하는 삶을 간절히 바라는 마음에서 다가오는 새해의 꿈을 그려본다. 오늘도 하얗게 야윈 모습을 보여주며 우리에게 삶의 모습을 더함도 덜함도 없이 보여주는 겨울이 있기에 들떠있는 내 마음을 하나로 모아 그 모습 그대로 소란 없이 행복의 기운이 오른다.

내가 행복하기 때문에 노래를 부르는 것이 아니라, 노래를 부를 수 있기 때문에 행복하다. 내가 미소 짓기를 선택할 때에 나는 내 감정의 주인이 될 수 있다. 넘어지는 것이 두려워서 자전거를 배우지 않으면 평생 자전거를 탈 수 없다. 수영을 배우려면 물에 들어가야 하듯 성공하기 위해서는 도전을 해야 한다. 기업에서 훌륭한 사람은 도전을 통해서 성공한 사람이다. 그러나 도전을 통해서 실패한 사람도 훌륭한 사람이다. 아예 시도를 생각하지 않는 것보다 실패를 통해서 배운 교훈이 새로운 도약의 발판이 되기 때문이다.

어린 아이가 일어서기 위해서 일어나다가 몇 번 넘어지고 나서 넘어지는 것이 무서워서 일어나지 않으면 평생 일어설 수 없다. 아이는 일어나 걷기 위해서 1만의 엉덩방아를 찧어야 한다. 실패가 가장 두려운 것은 좌절을 이기는 나는 할 수 있다는 태도이다. 분명히 실패의 원인이 있다. 이것은 다시 도전할 수 있는 기회가 있음을 의미한다. 아무 것도 하지 않고 실패하는 것은 너무 억울하다. 지금이 내가 할 수 있는 내가 소유한 유일한 시간이다. 수목들이 가지는 강한 신념처럼 소유할 것과 버릴 것, 비움과 채움을 온전한 생각으로 취사하여 시행하는 미덕을 수목은 오늘도 전해주고 있다. (2008. 11. 26)

자연이 주는 교훈

신록의 계절 물든 5월의 산과 들녘은 순수하고 아름답다. 어디 하나 초록이 아닌 것이 없다. 그 자체가 멋이고 예술이다. 초록을 동경하고 사랑하는 사람들은 5월이 축복이고 선물이다.

요즈음처럼 복잡하고 어지러운 세상을 살다보면 잠시 세상을 떠나 자연을 벗 삼아 세상을 잊고 싶은 때가 있다. 자연의 초록을 응시하면서 잠시 자신의 머릿속을 비울 수 있는 계기를 만든다. 물론 우리는 욕심의 항아리다. 욕심을 비우는 데는 정도의 차이가 있다. 허나 너나 할 것 없이 마음의 문을 활짝 열고, 산천초목의 초록을 바라보면서 나의 욕심을 비우기 위해 자연의 초록과 묵언의 대화를 나눈다면 비로소 얼룩진 마음이 세탁되어 마음의 평화를 느끼게 될 것이다.

청명한 오후 한나절 나들이를 나서는데 차창 밖으로 보이는 자연의 초록은 신록의 향연이 영화의 한 장면 같다. 자연의 위력은 참으로 대단하다고 감탄한다. 언제나 원근친소를 배제하여 공평하게 자연의 기운을 골고루 품어준다. 학생들과 생활하면서 여러 요인에 의해 공평함이 깨어질 때가 있다. 이것이 나의 결점이다. 어떤 경계가 오면 지혜롭지 못하고, 정에 끌려 우를 범하는 경우가 있다. 돌이켜 보면 너그럽지 못한 속 좁은 마음 때문에 내 자신이 학생들에게 알게 모르게 원망을 받는 경우도 있다. 이 순간 나의 취사선택이 잘못 됨을 깨닫게 되고, 내 생각의 틀이 문제가 있음을 시인한다. 언제나 초록의 자연처럼 포용과 이해와 사랑이 우리의 생각을 지배하고 있다면 우리 주변은 언제나 웃음이 넘치는 인연의 씨앗이 발아된다.

인연을 함께 하는 사람 중 대다수는 자신의 모습을 바라보면서 아름답고 출중한 자신을 가꾸자는 바램 속에 그 한 생각이 나를 지배한다. 참으로 누구나 가지는 생각이다. 허나 그 생각은 나아닌 밖의 요인에 의해 묻혀지는 경우가 많다. 잠시 떠돌아다니는 나그네처럼 흉내만 내다가 세월만 가는 경우다. 이런 갈등 속에서 나는 왜 이럴까? 하면서 자신을 원망하고 탓하지만 그 환경의 지배 속에 잠시 일뿐 오는 듯 가는 듯 떠나버린다. 흔적을 의식하기에 누구나 요란법석을 떨면서 자신을 합리화, 개별화 하려고 노력하지만 공유되지 못하고 도태되는 경우가 허다하다.

공유되지 못하는 마음! 참으로 안타깝고 어리석다. 언제까지 기다려야하나 하면서 속절없이 내 자신의 모습을 그려본다. 자연의 초록을 바라보면 언제나 하나가 된 그 모습 속에 공유된 초록은 한결같다. 세월이 흘러가도 때가 되면 그 본래 모습인 초록이 자리를 잡는다. 참으로 자연의 섭리가 주는 교훈을 새기면서 나만이 가지는 삶의 지표를 가져본다.

이 시간에 와 닿는 수없는 생각, 나의 하고자 하는 바람이 자연의 초록을 통해 스스로 강화와 자극을 받는다. '때에 따라 자연의 진리를 자연의 한 부분과 연결시켜 생각하고 의지한다면 자연의 진리 속에 내 모습을 가꾸어 갈 수 있다.' 고 확신한다. 내 모습의 밭에 의연한 씨앗을 파종하여 좋은 열매를 맺어보는 자연의 초록을 일구는 농부가 되기를 바라면서……. (2006. 4. 27)

출근길이 행복하네!

금년 3월 신학기부터 학교가 같은 관할지역이라 부부가 학교에 한 대의 승용차로 출근을 한다. 작년까지는 학교 지역이 달라 각자 출근을 했다. 나는 전철을 이용해서 정확한 시간표대로 움직여 출퇴근을 했다. 전철 안에서는 신문이나 책을 접하고 글과 대화를 나누면서 출근하는 것이 꽤 소록소록 재미가 있었다. 때로는 전철 이용객들의 대화 소리를 들어가면서 그들 나름의 삶의 향기 속에 계절의 감각을 느꼈다. 혹은 산만하고 분주한 내 마음을 모아보는 입정에 들어 고요하고 두렷한 내 마음을 보기도 했다. 이런 모든 것 하나하나가 내 심신의 피로감을 씻어주고 때로는 삶의 생기를 새록새록 품어 주던 옛 추억이 되었다.

허나 승용차를 이용한 출근은 전과 같은 생동감을 느끼지 못 한다.

운전하는 사람의 마음을 편안하고 즐겁게 해주는 배려함이 전제되기 때문이다. 선택의 기준에 따라 출근의 무늬가 다양하게 드러난다. 내가 운전자가 아니기에 책을 읽는 것과 MP3를 듣는 것도 하나의 내 에고다. 따라서 출근하는 동안 봄기운 속에 와 닿는 상념들을 선곤이 엄마와 나누거나 차창 밖으로 드러나는 광경을 바라보고 삶의 현상에 대한 느낌과 감정을 상호간 교감을 소통하는 것이 마치 시작품의 화자가 되어 이야기하는 것이 아침의 출근 모습이다. 어쩌다가 신문을 읽고 신선한 충격을 주는 기사가 있으면 운전하는 사람에게 그 내용을 전달하고 때로는 신문 기사 중에 뇌리 속에 와 닿는 부분은 내 중심의 이야기가 되어 전달하는 아나운서 역할을 하기도 한다. 출근하는 기분이 때로는 꽃샘추위로 봄기운을 막아버리는 차가움 속에서 앞 유리창 성애를 깨끗하게 닦아주고, 운전 시야의 장애물을 제거역할을 함으로써 다소 바깥 차가움을 이기기라도 하듯 그 성취감에 아침 출근하는 맛이 새록새록 즐거운 재미 중 하나가 된다.

부부가 인생의 이순을 바라보면서 상호간에 선택의 위안 속에 나름의 기운을 상생하는 힘이 있다. 아마 이것이 여물어 가는 부부의 힘이라는 생각이 든다. 이 나눔의 기쁨 속에 희망과 열정으로 하루의 시작함이 우리 부부에게 행복의 도가니가 되어 축복받는 한 순간이다. 이

순을 향하는 무렵에는 부부간에 무미건조할 수 있는 때이지만 겨울을 지나 봄을 맞이하는 생명체의 봄맞이처럼 행복감을 느끼는 생활에 감사함을 수없이 가져본다.

도로변 따라 전개되는 강변의 경치는 한 겨울을 지나 봄맞이 기운이 꽃샘추위 속에서 묵묵하게 땅속에서 땅위에서 솟아오른다. 봄의 향연의 소리가 장단 맞추어 들려온다. 한강 상류에서 떠다니는 오리떼들이, 철새들이 무리지어 다니는 모습은 한 공동체 삶의 표상이다. 나를 잊고 조직을 생각하며 어느 한 마리 일탈하지 않고 조직 전체의 질서를 준수하고 있으니 비록 오리와 철새의 본능이지만 우리네 삶의 거울이 되고 있다. 질서 정연하게 무리 지어 멜로디를 울려대며 여유 있는 행복의 노랫소리가 들려온다. '아, 이것이 삶의 낙원이구나!' 하는 일깨움을 준다. 일깨움의 좌우명은 시시때때로 욕심을 비우자. 어느 곳에서나 주인의 삶을 살자. '어느 때나 어느 곳에서나 하는 일마다 삶에 은혜의 물결을 이루자.' 하는 메시지를 전해준다.

아침 출근길에 유유히 흘러가는 한강수 위에 오리와 철새가 주는 메시지를 가슴에 새겨 가면서 옥동자들이 모여드는 1학년 1반 교실을 그려가면서 출근하는 아침이 오늘도 계속 이어진다. 언제나 그 날 그 날이 새로움 속에 내 나태함과 무례함과 타성이 흘러가는 한강수에 씻어낸다. 오늘도 하루 일과의 서원 속에 환범이를 비롯한 학급 학생들의 맑고 밝은 모습들을 하나하나 그려가면서 하루의 일과를 시작하는 마음이 한결 행복할 뿐이고 봄기운처럼 따뜻하고 생동감이 충만할 뿐이다. (2010. 3. 26)

자연이 주는 행복

우리가 살고 있는 지구는 거대한 생명체와 같다. 엄청난 에너지를 가지고 우리의 삶에 은혜를 베풀어 준다. 허나 오늘날 물질문명의 발달로 지구는 몸살을 앓고 수많은 상처 속에서 고통을 토해내고 있다. 그 상처를 치유하기 위해서 지구의 본래 자리로 돌아가야만 한다. 온 인류가 지구의 보은에 정성을 다 해야만 편안한 날을 보낼 수 있고 행복의 날이 온다.

그러나 인류의 욕망은 자연을 배반했고, 그 결과 지구는 몸살을 앓고 있다. 이제 지구의 반란으로 이상기온 현상이 나타나고 그 결과 자연의 재해를 피할 수 없는 상황에 이르렀다. 우리의 삶에 적신호가 켜지고 무서운 위협을 받고 있다. 요즈음에는 봄이란 계절이 실종된 것 같다. 초여름을 맞아 더위 속에 어려움을 겪고 있는 것도 인과의 결과

다. 자연의 훼손으로부터 받는 피할 수 없는 재앙이다. 서늘한 향기 속에 초록의 단아함을 느껴야 하지만 아침저녁으로는 쌀쌀하고 낮에는 초여름의 기온이니 불균형의 조화가 계속된다. 지구의 상처 속에 자연훼손이 우리 삶을 불안감을 주고 늦게나마 자연에 관심과 그 보은에 정성을 쏟아야 할 때다.

산천초목들도 계절 따라 자신을 수호하고 보호하면서 그 나름의 운치를 보여주고 자긍심을 가지지만 이젠 날씨의 변덕으로 그 자긍심이 사라지고 있다. 자신의 것을 수호할 수 있는 시간도 부족하다. 그래서 베풀고 나누는 여력이 점점 소실되어 가는 상황이다. 특히 금년 봄에는 날씨의 변덕으로 부풀어 오르는 꽃망울과 가지의 새 움들이 차가운 꽃샘의 기승으로 놀라며 더러는 수많은 고통과 상처 속에서 봄의 진수를 느끼지 못하니 참으로 안타까울 뿐이다. 이렇듯 우리네 봄나들이 속에서 온유함과 훈훈함을 공유하기가 어려운 절기가 되어버렸다. 곧 이어 초여름의 기온이 상승해서 아침저녁의 기온 차가 심해서 다소 불안감을 느낀다.

허나 산천초목 어느 것도 원망하지 않고 묵묵하게 경계 따라 대처하는 모습이 한없이 넉넉해 보인다. 수목의 생명력 · 포용성 · 인내성의 한 수를 읽어주고 있으니 감사하고 있다. 참으로 수목은 어떤 경계가 와도 그 경계 속에 묵묵히 이어가는 삶의 모습 속에 아름다움이 있다. 그 어떤 과장이나 가식도 없다. 오직 있는 그대로 인내하면서 그 생명력을 유지하고 그 자태를 보여 주고 있다. '아마 이것이 수목만이 가지는 지혜가 아닐까?' 한다.

철 따라 꽃이 피어나고 열매가 맺은 자연현상을 눈여겨보고 있노라면 자연이 인간에게 얼마나 고마운 존재인가를 온 가슴으로 받아들이게 된다. 따뜻한 햇볕, 맑은 물, 신선한 공기와 바람, 기름진 흙과 푸른 숲과 수목들은 아무런 보상이나 요구 없이 그저 베풀기만 한다. 이런 고마운 자연들은 오늘의 인간들은 어리석게도 끝도 없이 허물고 더럽히면서 학대하고 있다. 이를 두고 배은망덕이라 할까? 자연이 인간생활의 수단일 수는 없다. 자연은 사람이 기대어야 할 고향이다. 자연은 살아있는 어머니다. 또한 우리 몸이고 영혼이다.

우리나라 서울의 남산은 우리 삶의 소중한 보물이다. 산기슭에서 사계절 변화하는 모습은 서울 시민의 마음을 대변하고 산소역할을 한다. 그래서 외국인들이 한국 서울에 들어오면 이 남산의 숲을 바라보면서 감탄하는 이유도 여기에 있다고 한다. 허나 수많은 세파의 파편 때문에 상처투성이가 되어 수난과 고달픔을 피하지 못하고 있다. 김광균의 시 '성북동 비둘기' 란 시에서 말하고 있다.

'예전에는 사람을 보고 성자처럼 보고/ 사람 가까이 사람과 같이 사랑하고/ 사람과 같이 평화를 즐기던/ 사랑과 평화의 새 비둘기는/ 이제 산도 잃고 사람도 잃고/ 사랑과 평화의 사상까지/ 낳지 못하는 쫓기는 새가 되었다.'

오늘날 산업화 · 도시화로 인해 황폐해진 자연으로부터 점차 소외되어가는 현대인의 모습을 성북동 비둘기를 통해 보여주는 작품이다. 성북동 비둘기는 보금자리를 놓아버리고 떠돌이 신세가 된다. 급격한 산업화와 도시화로 인해 사랑과 평화라는 원초적인 감정까지도 잃어버리는 인간의 황폐한 모습을 비둘기를 통해 나타낸 것이다.

금년에 남산에는 실개천을 만들었다고 한다. 참으로 자연의 경관을 아름답게 가꾸어 자연의 풍성함 속에 하나 되어 가는 활력을 불어넣기 위해 노력하는 모습이 느껴진다. 우리가 생각하기에 남산은 비가 온 다음날 이외에는 계곡에 물을 본 적이 없다. 그러나 그 비닐 보에 채울 물의 지하수를 펌프로 퍼 올려 돌린단다. 수돗물을 틀어 채우지 않는 게 천만 다행이다. 이곳은 원래 봄이면 벚꽃놀이, 가을이면 단풍놀이, 겨울이면 눈꽃축제를 모조리 한 곳에서 즐길 수 있는 도심에서 유일한 곳이다. 그래서 차와 자전거의 통행을 못하고 일반인과 시각장애인이 안전하게 산책도 하고 마라톤 대회나 걷기 행사로도 자주 애용되고 있는 곳이다. 남산의 본래 모습을 바라보면서 자연의 경관 속에 풍기는 사계절의 향기를 느낄 수 있도록 함께 노력하는 모습이 아쉽기도 하다.

이런 노력의 일환으로 서울시에서는 수많은 불공을 하고 있다. 그 본래 모습을 찾아 자연의 에너지를 느낄 수 있는 내 마음의 고향이 될 수 있도록 가꾸는 일이 소망이다. 원래 인공의 조화가 생화보다 보기에 더 아름다운 법이다. 요즈음 인공으로 만드는 것도 중요하다. 허나 그 한계를 벗어나지 못한다면 참으로 아쉬움 속에 연민의 정을 느낄 것이다. 자연의 풍광을 살려가면서 그 맥을 이어가는 인내와 지혜가 그 무엇보다 시급하다. 얼핏 보면 강제로 흐르게 만든 물이나 폭포가 보기 좋을 수도 있다. 허나 그 비닐 어항은 결코 친환경적인 것도 아니고 실개천은 더더욱 아니다. 그저 거대한 비닐 어항에 불과하다.

자연을 사랑하는 방법은 다양하다. 자연을 사랑한다고 비닐을 깔고

물이며 물고기며 돌과 꽃 등을 가져다 만들어 놓았다면 그것은 동물을 미치도록 사랑하기에 모피 옷만 입는다는 말과 그 무엇이 다를까? 우리 주변에 이런 현상이 비일비재한 이유는 무엇일까? 곰곰이 따져보면 인간의 끝없는 과한 욕심의 흔적일 뿐입니다. 과유불급(過猶不及)이다. 자연의 비법을 통해서 순리와 질서를 바로 체득하여 자연과 하나 되는 우리의 삶을 순리 따라 변화하여 가는 것이 우리의 행복이라 생각해본다.

우리의 삶은 원래 고통스러운 것이 아니라 한다. 우리는 왜 행복과 불행의 이유를 바깥에서 찾는지 참으로 문제다. 우리 삶에서 행복하지 않는 삶이 없다. 오직 행복하지 않다는 생각과 판단만이 있다. 우리는 행복하면 흔히 다음과 같이 생각한다. 행복은 어떤 완벽한 상황이 갖춰졌을 때 오는 것이 아니라 행복을 누릴 때 바로 그 완벽한 상황이 만들어진다. 행복해지기 위해서는 무엇인가 필요하고 외부적인 어떤 특정한 조건 속에서 행복할 수 있으리라 믿어왔던 것은 완전한 환상일 뿐이다.

진정한 행복은 내 안에서 누리고 만끽하는 것이지 외적으로 추구하는 것이 아니다. 그것은 내 안의 문제이지 바깥의 문제가 아니다.

생활 속에 화가 날 때 혹은 삶의 괴로움이 있을 때 숨을 들이쉬면서 '감사합니다.' 숨을 내쉬면서 '사랑합니다.' 라고 반복해 보자. 어떤 경계가 일어나더라도 나에게 들어오는 모든 것들이 은혜로 들어올 때 감사함이다.

따라서 내 자신이 어떤 관점으로 내공을 가꾸어 가느냐에 따라 행복의 모습이 달라지고 행복지수도 달라짐을 알 수 있다. 내 마음을 자연의 속성에 닮아가는 지혜의 불을 밝혀가는 노력해야 한다. 이 때 비로소 행복은 내 곁에 있다함을 유념하면서 나를 바라보고 나를 가꾸어 갈 때에 행복의 열매는 영글어 간다. (2009. 4. 8)

자연의 찬가

세월의 흐름 속에 나의 생활리듬도 장단 맞추어 화음을 내고 있다. 참으로 엊그제 한 주를 시작하는 것 같지만 주말이란 분위기 속에서 목표를 가지고, 계획을 수립하는 것이 삶의 전체인양 착각 속에서 밑그림을 그리는 내 자신을 되돌아본다.

나에게 주어진 기회를 내 스스로 만들어 가지 못하면 그 만큼 나는 책임의 회피를 면할 수 없다. 언제나 기회 뒤에는 책임이 수반되기 때문이다. 허나 나는 생활 속에 기회가 언제 왔는지 조차도 모르고, 그냥 스치어 가는 때가 한두 번이 아니다. 참으로 어리석고 측은하다. 물론 문제는 나 자신의 마음을 내 자신이 도둑질하기 때문에 생각 없이 생활에 묻혀 사는 것이 그 원인이다. 잠시 마음의 그래프를 그려본다. 내 마음의 응어리와 열등감이 때로는 정신적인 족쇄로 나의 의식

깊은 곳에 묶여있어 걱정과 망상, 두려움의 축적물이 나의 생각의 싹을 짓밟는 경우가 많다 이런 축적물이 내 자신을 눈멀게 한다. 내가 진심으로 원하지 않은 것이 자꾸만 생각나고, 말하고 행동하게 된다. 참으로 마음을 챙기지 못할 때에 악의 씨가 뿌려지고 자라나 마음의 늪을 좌지우지한다. 생각 그 자체가 나의 발자취가 됨을 알고도 실천하지 못하는 나! 자연의 발자취를 통하여 다시 한번 반성한다.

자연은 사계절에 따라 변화의 모습을 잊지 않고, 그 본래의 모습을 보어주고 있다. 물론 요즈음은 이상기온 현상으로 다소 불규칙이지만 그런대로 때를 알아 때의 모습을 보여준다. 이것이 바로 자연의 진리이다. 자연의 힘은 참으로 위대하다. 그 웅장함으로부터 섬세함에 이르기까지 다양하게 그 생명의 자태를 만들어 가고 있다. 언제나 주위와 코드지수를 맞추어 조화롭게 앞서지도 않고 뒤서지도 않고 삼백 예순 날 면면히 이어지는 자연의 모습은 우리에게 강한 메시지를 보낸다. '때를 알아 때에 따라 실천하라.' 는 것이다. 우리가 때를 알고 실천하는 것은 바로 '내 뇌리 속에 생각을 간직하고 생활하라.' 는 의미이다. 생각 없는 생활은 계획 없는 생활이다. 생각 속에 100℃ 열정을 가지고, 그 꿈과 목표를 향하여 결행으로 정진한다면 참으로 대단한 내 자신을 가꾸어 갈 것이다. 오늘도 방과 후에 예봉산 등반 계획 속에 자연의 진리에 다시 한번 나의 무례함과 오만함을 떨어버리고 흘러가는 계곡물 소리에 장단 맞추어 한 폭의 그림이 된다는 생각을 담아본다.

분주함을 떨어버리고 잠시 초록으로 갈아입은 수많은 수목과 다양한 야생화의 자태와 향기 속에 내 마음의 코드를 맞추어 보는 시간을 가져본다. 여러 종류의 수목 중에서 꽃이 피어오른 전경은 참으로 가경이다. 길가는 가객들의 발걸음을 멈추어 서게 한다. 그 향기에 도취되어 언제나 겸손함과 자연의 질서를 한 몸에 안는다. 원근친소를 초월하여 벗이 되고자 하는 자세에 참으로 고개가 숙여진다. 언제나 나만이 할 수 있어 내가 제일이야 하면서 '아상병' 에 걸려 있는 우리에게 좋은 귀감의 시간이 된다. 그래서 나는 이따금 산을 벗 삼아 산의 능선을 오르내리면서 자연의 모습에서 자연의 질서와 자연의 품고 있는 진리를 배우는 계기로 삼는다.

자연은 조화 없이 우뚝하게 버티는 기색이 없다. 언제나 내 자신을 낮추고 상대의 수목을 높여주는 공경심이 대단하다. 삶의 활력을 바탕으로 주저함도 없이 원망함도 없이 그 때 자리에서 모든 것을 섭력하는 자세가 바로 자연의 포용력이다. 나는 오늘도 여러 사람과 의견

대립이 있을 때, 내 자신을 낮추고 포용하는 마음을 갖도록 오늘 오후에 산행을 통해서 이루어 보리라. 다짐하면서 산의 정상을 향하여 오르는 기분이 참으로 나를 신성하게 해준다.

내 마음의 족쇄들인 탐욕, 증오, 무지, 기만, 몸이 나라는 착각, 극단적인 생각과 편견, 그리고 모든 것을 변함없이 지키려는 갈망을 털어버리겠다는 강한 집념이 산의 정상에서 갖은 정성으로 서원을 올리게 한다. 비록 온몸이 땀으로 가득 배어 있고, 천근만근이지만 나의 묵은 생각의 싹을 씻어내고자 하는 간절한 서원이 내 마음을 맑게 밝게 해주는 기분이다. 참으로 행복과 건강이 이런 상황에서 시작됨을 생각하면서 자연의 초록에 감사하면서 하산을 한다. (2006. 5. 23)

나를 보는 시간

계절의 여왕 5월은 은혜가 충만한 달이다. 하루가 다르게 온천지가 초록으로 변화하고 날씨는 한 없이 온화하고 따뜻하다.

그래서 그런가? 5월에는 소중한 사람들을 돌아보게 하는 뜻 깊은 날이 많다. 어린이날, 어버이날, 스승의 날 등 너무나 가깝고 소중한 존재이지만, 평소에 그 고마움을 잊고 지내는 경우가 많기에 이런 날들이 정해진 것이 아닌가 싶다. 오늘 문득 오늘의 나를 있게 한 은사님이 생각난다. 그동안 나를 이끌어 주신 스승님 중에서 청범 선생님이 계신다. 그 문하생들과 함께 찾아뵙고 식사를 하면서 선생님의 말씀을 받들어 온 햇수가 25년이 흘렀다. 참으로 원근친소를 초월해서 사랑과 회초리를 함께 들으시어 바른 길로 인도하심에 언제나 감사하다는 마음으로 생활하고 있다. 선생님께서는 언제나 여여한 마음으로 일관된 하나의 마음을 강조하시고 은혜를 베풀어 주셨다. 청범 선생님께서는 언제나 성실하고 인내하면서 그 환경을 지혜롭게 극복할 수 있는 사람이 행복한 사람이고 성공하는 사람이라고 말씀하신다.

참으로 청범 선생님께서는 나의 삶의 나침반 역할을 해주셨다. 우리 부부가 만날 수 있는 인연도 맺어 주셨다. 우리가 결혼하겠다고 찾아갔더니 제일 좋아하신 분이 청범 내외분이셨다. 참으로 하나하나의 기운을 북돋아 주셨다.

오늘 스승의 날을 맞아 내 자신을 뒤돌아본다. '나는 과연 어떤 교사인가?' 라는 생각과 더불어 청범 선생님을 떠올리게 된다. 청범 선생님은 나에게 참된 스승의 모습을 보여주신 분이기 때문이다.

어느 광고 문구가 마음에 와 닿는다.

'부모는 멀리 보라하고, 학부모는 앞만 보라하신다.

부모는 함께 가라하고, 학부모는 앞서 가라하신다.

부모는 꿈을 꾸라하고, 학부모는 꿈을 꿀 시간을 주지 않는다.

당신은 부모입니까? 학부모입니까?'

부모의 모습으로 돌아가는 길, 참된 교육의 시작이라고 한다. 그러나 우리 사회는 부모들이 자녀들을 자신의 의지대로 키우고, 만들려는 경향이 있다. 내 자식을 다른 자식보다 앞서고 행복해야 한다는 고질적인 이기심이 아이들의 자유를 억압하고 마음에 깊은 상처를 주고 있다.

이러한 상처는 곪아 터져 사회문제를 만들고 심각한 많은 현상을 보인다. 아이들의 자신이 속한 집단이나 사회에서 공동체 의식이 없이 오직 자신의 편리함과 행복만을 추구하고 있으니, 심히 걱정스러울 때가 많다. 그러나 뒤집어 생각해 보면 그들을 그렇게 만든 것이 누구인가를 생각해보지 않을 수 없다.

우리 청소년들이 사회생활의 가장 기본적인 예의와 소통능력이 부족하다는 이 현실은 누구의 책임인가? 사회능력을 가르칠 스승은 누구인가? 젊은이들을 가르치고 옳은 길로 인도하는 사람이 스승이니 유치원에서 대학교까지의 교사만이 아니라 부모와 직장 선생도 스승이다. 무엇보다도 인생에서 가장 큰 스승은 부모의 사는 모습이다. 사회성의 부족은 가정교육의 부재에서 비롯되었다. 모든 부모가 자식에게 바라는 것은 그들의 행복과 성공이다. 다만 좋은 성적표와 일류대학이 성공과 행복을 보장할 것이라는 잘못된 믿음이 자식의 앞날을 그르치고 있지나 않나 한번 반성해야 한다. 일류대학을 마치고 지식은 많지만 대인관계 능력이 부족해 사회에서 홀대를 받는다면 그 것이 과연 자신의 행복한 삶일까? 타인과 잘 어울려 지내는 인간관계를 가지도록 노력하자.

오늘 스승의 날이다. 오늘 따라 날씨가 맑고 밝다. 천지자연이 스승의 기운을 북돋아 주듯 축하라도 해주는 기분이다. 어느 시인이 노래했듯이 그리운 사람을 그리워하자고 했던 눈이 부시게 푸른 날이다. 나를 가르쳐 주신 스승님께 감사함을 표하는 의식을 위해 더할 나위 없이 좋은 분위기다.

스승님께서는 우리가 태어나서 배움에 들기 시작하면서 공동체 의식의 형성 유지 발전의 보루다. 우리가 지성 품성 체력을 기르고 사람의 몸과 마음을 성숙시키는 교육을 담당하셨기 때문에 오늘의 내가 존재함을 깨닫고 '그 고마움을 그 무엇으로 형언할 수 있을까?' 하는 생각이 수없이 뇌리를 스치어간다. 따라서 우리나라의 미래가 교육에 달려있음은 누구나 알고 있다. 나라의 백년대계의 미래 동량을 기르는 것은 스승님에 달려있음을 누가 부정하겠는가? 그래서 스승의 날은 스승과 제자와 사회가 함께 어울리는 축제의 날이 되었으면 한다. 허나 이 스승의 날이 주인공과 관객 없는 축제장이 점점 되어 가고 있으니 참으로 안타깝기만 하다. 금년에 한국교총에서는 스승의 날이 법제화 된지 20년 만에 기념식을 처음으로 하지 않았다고 한다. 그 이유는 감사 표시가 정성이 아니라 촌지와 뇌물로 변질된 일탈 사례가 속출해왔기 때문이다. 심지어는 어느 단위 학교에서는 학교문을 닫거나 꽃이나 선물을 보내지 말라는 가정통신문까지 발송하는 학교도 있다고 한다. 이런 상황을 바라보면서 우리 교육현실이 참으로 걱정되는 바이다.

허나 이런 현실에 안주만 할 것이 아니라 당당히 스승의 날을 기리고 가르치는 의연함을 가져야 한다. 이것은 우리 교육에 종사하는 교사들의 몫이다. 따라서 스승의 날 아침에 교문과 교실에서 "선생님, 감사합니다"라는 리본을 선생님의 가슴에 달아 드리고, 꽃을 드리고, 서로가 감사해서 사제가 함께 눈물을 쏟을 수 있었던 교육을 찾아 나서야 한다. 시대변화를 수용하고 새로움을 응용할 수 있는 인재를 교육해야 한다. 한 명 뿐일 수밖에 없는 1등 지상주의 일변도 교육 패러다임을 바꾸어야 한다. 자신의 고요함을 개발하고 타인과의 소통을 통한 공존을 가르치는 교육이 강조돼야 한다. 최고의 중학 고등 대학교를 가기 위한 성적 따기에 올인하는 교육시스템으로 변화무쌍한 21세기를 헤쳐갈 수 없을 것이다. 자기만 잘 먹고 잘 살면 된다는 천민자본주의적 사고가 길러지는 교육은 박물관으로 가야 한다.

세상은 너와 나의 차이, 이 생각과 저 생각의 차이, 이 기술과 저 기술의 차이를 차별하는 것이 아니라 서로 소통하고 융합해 새로운 비전과 즐거움을 꿈꾸는 '컨버전스의 시대' 다.

우리의 사고와 삶 전반에 일대 변혁을 예고한 영화 '아바타' 를 만든 제임스 카메론 감독은 서울디지털포럼의 기조연설에서 디지털시대의 혁명을 위한 새로운 콘텐트로 '아바타' 를 만들었다면서 좋은 콘텐트를 만들 수 있는 창의력을 키우는 교육이 중요함을 지적했다. 첨단 3D입체영상기술로 영화 '아바타' 를 만들어 우리의 사고와 삶 전반에 일대 변혁을 예고하고 있다.

췌장암으로 시한부 선고를 받고 운명하기 전인 2007년 9월 카네기멜런대에서 행한 '마지막 강의' 라는 동영상을 통해 세계를 감동하게 한 랜디 포시 교수는 다음과 같이 말하고 있다. "교육은 부모 같은 교육을 권했다. 모든 부모는 자식에게 옳고 그름에 관해, 현명함에 관해, 그리고 살면서 부딪히게 될 장애물들을 어떻게 헤쳐 나가야 하는지 가르쳐 주고 싶어 한다." 〈랜드 포시 '마지막 강의' 〉

전공이 다른 학생들이 서로 어울리는 소통과 융합의 협력을 통한 시너지 없이 혼자만의 노력으로는 절대로 좋은 세계를 만들 수 없음을 강조하였다.

교육학자들이 입을 모아 말한다. "우리의 교육철학과 환경도 바뀌어야 한다." 한강의 기적을 가져온 산업 개발형 교육은 이 땅에서 가난을 구제함으로써 그 임무를 충실히 수행했다. 이제는 개성과 소통을 중시하는 창의적인 컨버전스형 인재를 양성할 수 있는 교육을 통해 아바타의 시대를 맞아야 한다. (2010. 5. 15)

꽃무리가 주는 교훈

4월의 중간막이 오르는 주말 아침의 햇살이 유난히도 부시어 오는구나! 참으로 봄날의 축복을 받는 기분이다. 예봉산 골짜기의 물 흐름 소리가 귓가에 들려온다. 아침의 고요한 기운 속에 한강수의 유유한 물줄기의 흐름은 출근길 하루를 맑고 밝음의 메시지로 들려준다. 이런 시간의 흐름 속에 내 마음에 쌓인 여러 상념들은 멀어진다. 내 뇌리에 비어있는 텅 빈 곳에는 봄물의 흐르는 소리가 들려오고, 벚나무 가지에 하얀 살색을 드러낸 꽃송이처럼 보이는 세상이 그려지고 있으니 참으로 행복하다.

나의 어린 시절 고향의 개울가에 자란 고목의 소나무와 느티나무 껍질 틈에도 뿌리를 내리고 화사하게 꽃피운 모습이 오늘 따라 더욱 그리워진다. 초등학교 시절 교정의 담장 주변에 벚나무 가지에 흐드러지게 핀 꽃송이들 참으로 화사하기 그지없었다. 어린 시절 봄날의 시냇물 흐르는 소리마저도 아득하게 들리던 그 곳이 지금은 거의 인적이 끊어져 잡목과 잡초가 무성하게 자란 지역으로 변모되어 있다. 가는 곳마다 발 딛을 수 없는 무질서한 공간이라 자연의 예스러움이 아쉽기만 하다.

오늘도 내자가 나에게 전하는 그 한 마디 '귀여운 남편' 이 되어 보라고 할 때 나는 그 전하는 내용을 이따금씩 음미해본다. '나의 발전을 위해 끊임없는 노력을 주문하고 있구나!' 하는 마음속에 아내의 사랑으로 배어 있는 그 한 마디 '나는 할 수 있다.' 는 확신을 가지고 자기 암시를 수없이 해본다. 노력할 때, 나는 나다운 모습을 만들어 갈 수 있다고 확신한다. 아기 발 같은 귀여운 세상, 분홍꽃 구름 같은 세상, 흰 솜털 같은 세상을 동경하면서 하루하루를 가꾸어 가고 있지만 많은 경계들이 나의 갈등을 증폭시키고 있다. 우리 인간의 삶은 갈등의 집합체라고 한다. 이 갈등을 해결하는 과정이 나의 성숙을 의미한다고 생각하면서 나만이 가지는 갈등 해결을 위해서 간절히 기도하며 살아간다. 물론 모든 것이 다 충족되는 것은 아니다. 갈등 해결의 과정에 심리적 변화를 찾아가면서 나의 긍정적 사고를 일깨우는 내 속 깊은 마음공부가 긴요할 뿐이다. 참으로 이런 갈등을 해소하기 위해 출퇴근길에 가로변에 놓인 수목을 남다르게 바라보면서 그 수목의 지혜를 수없이 생각하기도 하고, 물어보고, 자문자답을 하기도 한다. 수목은 절대로 주위를 원망하거나 탓하지 않고, 그 환경을 만족해한다. 만족하는 순간 감사의 빛이 발화된다고 한다. 참으로 지혜로움이 가득하기에 고개가 숙여진다. 그러기에 나는 나무를 사랑하고 있다.

오늘도 원망 한 점도 없이 본래의 모습을 하면서 꽃송이를 선사하는 수목들이 나의 곁에 있다고 하니 나의 무거운 마음이 하나씩 둘씩 감소되는 순간, 나뭇가지에 피어 오른 갖가지 꽃송이처럼 극대치를 이루고 있구나! 하는 순간 자연의 섭리가 바로 이것이구나! 깨달음을 얻고, 속 좁은 내 마음을 넓혀가는 내 자신이 되도록 오늘도 화사한 꽃무더기 곁을 맴돌면서 내 마음을 꽃처럼 그려본다. (2011. 7. 12)

봄기운의 선물

겨우내 꽁꽁 얼어붙었던 온천지가 봄기운에 해빙되면서 땅 밑 어디에선가 서서히 다가오는 봄의 음성이 들리는 듯하다. 때의 흐름따라 움직이는 자연의 섭리가 참으로 아름답기 만하다. "얼어붙은 대동강물이 녹는다."는 우수가 지나니 봄기운이 더더욱 달아 오른다. 길거리의 사람들의 움직임도 가볍고, 지하의 생명체들도 꿈틀거리고, 나뭇가지도 움이 트는 모습이 완연하다. 참으로 봄의 기운이 모든 생명체의 움직임을 스프링처럼 튀어 오르게 한다. 온 세상이 생동감으로 가득 찬 것 같다.

동절기의 무겁고 어두우며 둔탁했던 옷을 벗어 던지고, 밝고 가벼우며 경쾌한 옷을 입고, 새롭게 펼쳐지는 마음이 나를 반긴다. 내

일의 희망과 꿈이 샘솟고 "하고자 하는 분발심"이 나의 에너지가 되어 나를 움직이게 만든다. 이렇게 계절이 바뀌고 새롭게 찾아온 봄기운은 나에게 희망과 용기를 주기에 아름답고 감사할 뿐이다.

봄기운은 사없이 온천지에 베풀어 주지만 받고자 하는 마음이 있을 때 내 것이 되는 것 같다. 나는 이때가 되면 봄날의 메시지를 받는 기분이다. 교직에 봉직하면서 새 학기를 맞이하는 시기가 봄이 오는 시기이므로 언제나 새로운 기분으로 봄을 맞이하게 된다. "봄바람은 사없이 불어주지만 살아있는 나무만이 그 봄바람의 기운을 느낄 수 있다." 하는 성현의 말씀을 그리면서 참으로 나는 내 주위 인연들이 베풀어 주는 은혜를 받을 마음의 문이 활짝 열려있는가? 그 은혜에 감사하고 보은할 줄 아는 마음의 문이 활짝 열려있는가? 하는 생각이 든다. 내 마음이 열리고, 열정과 의지를 가지고 노력해야함을 거듭 다짐한다. 모든 것은 내 자신이 준비하는 마음과 그 마음을 관리하는 순간순간의 취사작용이 더욱 필요하다는 생각이 든다. 새롭게 변화된 환경에 최선을 다하는 마음으로 임하는 것이 나의 행복임을 알고, 인과보응의 진리를 확실히 믿고 생활할 뿐이다.

봄철을 맞아 나만이 가지는 겸손함을 생각해본다. 이 겸손이 나를 만들어 가는 원동력이다. 흔히 겸손함은 상대방을 이해하고 포용하고 감싸주는 사랑의 마음이라고 한다. 우리의 삶 속에는 네 가지 상이 생활에 장애가 된다. "아상, 중생상, 인상, 수자상" 은 상생의 삶에 걸림돌이다. 아상을 예를 들면 "나" 아니면 모든 것이 될 수 없어 하는 사고는 나를 이기적인 틀로 만들어 간다. 상대방을 이해하고, 포용하고, 감싸주는 마음이 부족하다. 본인은 모자람이 없이 매사 제일이라는 한 생각의 일반 통행하는 버릇이 있다. 이런 일반통행은 언제나 상대방의 생각과 행동에 공유되지 못하고 수평선을 달릴 뿐이다. 바보스런 아상의 벽을 허무는 유무념 공부를 할 뿐이다.

오늘도 봄이 오는 길목에 자연의 섭리를 생각하면서 나를 되돌아보고, 나를 생각하되 상대방의 처지를 한 번 더 생각하는 유무념 공부 속에 나의 겸손한 한 마디가 나를 봄답게 만들어가는 지름길임을 깨닫고, 실천하는 사람이 되어야겠다는 다짐을 해본다. (2006. 3. 29)

"봄바람은 사없이 불어주지만
살아있는 나무만이 그 봄바람의 기운을 느낄 수 있다."
하는 성현의 말씀을 그리면서
참으로 나는 내 주위 인연들이 베풀어 주는
은혜를 받을 마음의 문이 활짝 열려있는가?
그 은혜에 감사하고 보은할 줄 아는 마음의 문이
활짝 열려있는가? 하는 생각이 든다.

수업을 할 때 아이들의 메말라 있는 심성을 촉촉하게 적시며 부드럽고
감칠맛 나는 성현의 말씀을 아이들의 입장에서 전달하면
이이들이 집중해서 공감해온다.
그 한 예로 봄바람이 불어 올 때 이 봄바람을 나의 품안을 따뜻하게 해주는
고마운 바람임을 깨닫고 맞이한다면
그 봄바람은 여러분의 희망의 꽃을 피게 한다.

물가를 거닐면서

친절 속에 웃음꽃

사람은 더불어 사는 공동체 속에서 산다. 주고받는 은혜 속에서 적절한 친절을 전제로 한다면 금상첨화다. 하나 일방통행 하듯 주는 쪽으로만 가거나 간다면 친절의 의미가 방심으로 흘러갈 수 있다. 지나친 친절은 상대방에게 배신의 빌미를 제공할 수도 있다. 친절은 상호간에 주고받을 때 더욱 그 가치가 높다. 친절 속에는 작은 책임감이라도 얹어주는 약속된 친절이 현명하고 지혜로운 친절이다.

어느 날 양치기 소년이 있는 마구간에 임신한 암캐 한 마리가 불쌍한 모습으로 나타난다. 그 순진한 양치기 소년은 암캐를 친절히 맞이하면서 그 암캐의 애원을 끝까지 들어준다. 그 내용인즉 "내가 곧 강아지를 출산하는데 출산할 곳이 없어서 그러니 마구간 한 구석을 마련해 달라는 것이다." 그 양치기는 그 상황을 측은히 여겨 마구간 한 구석을 따뜻한 구석으로 마련해준다. 그 후 강아지를 출산한다. 그 암캐는 그곳에서 새끼를 낳고 며칠이 지난 후 다시 양치기 소년에게 애원을 청한다.

"새끼를 낳기는 했지만 이 새끼들이 자랄 때까지 보살펴 주어야 하는데 새끼들이 클 때까지 머물 수 있도록 해 주세요."하면서 그 착하디착한 양치기 소년을 흔들었다. 그 때 양치기 소년은 그 모든 상황을 고려하여 선처를 베풀어 그렇게 하라고 친절을 베푼다. 많은 시간이 흘러 새끼들이 다 성장했다. 그 강아지들이 세월이 흘러 이젠 제법 활동을 할 수 있기 때문에 마구간이 제법 요란하게 된다.

그래서 어느 날 이젠 마구간을 비워달라고 했더니 눈빛을 달리하며 광기 어리게 짖어 보인다. 더 이상 떠날 수 없다고 한다. 덩달아 그 새끼 강아지들도 그 양치기 소년에게 접근하지 못할 정도로 짖어대기 시작한다. 그 어미 암캐는 처음과 달리 사납게 짖으면서 양치기 소년을 핍박한다. "이곳은 우리 땅이요."하면서 어느새 자란 암캐 새끼들까지 그 양치기 소년에 친절한 은혜를 베풀어 준 은인임을 망각하고 사납게 대든다. 양치기 소년은 잠시 마음을 가다듬고 생각에 잠긴다. '나는 불쌍히 여겨 그 친절함을 다해 둥지를 마련해주었는데 이럴 수가 있어.' 하면서 '참으로 배은망덕이구나!' 하면서 잠시 생각에 잠긴다. 아마 해생어은(害生於恩)이 되어 버린 꼴이다.

여기서 암시하는 것은 친절을 베풀되 어느 정도 책임감을 상대방이 가지고 그 친절을 안내하는 것이 초석임을 일깨워주고 있다. 요즈음 세상에 친절을 일방적으로 받아 움직이는 것은 때로는 배신감을 초래한다. 배신감을 배재하는 길은 우리 삶에 상생의 덕을 쌓아가는 첩경이다. 친절을 일방통행하는 쪽으로 베풀어 가는 것은 상대방에게 업장을 가지는 원인 제공이다. 살면서 은혜가 해가 되는 것은 참으로 피할 수 없는 업장이다.

따라서 "내 한 생각 일어날 때 그것이 죄업이 되지 않도록 경계하는 내 마음을 살피면서 친절을 베풀되 상대방도 책임을 함께 가지면서 베풀어 가는 삶의 지혜가 참으로 아름다운 여의보주의 생활임"을 생각하게 된다. (2007. 2. 2)

교육자의 삶

내가 교직에 몸을 담아 생활한지도 30여년이 흘러가고 있다. 참으로 많은 세월 속에 내 자신이 많이 변했다. 여하튼 이런 변화 속에 내 자신이 건강하고 학교활동에 에너지를 발산하고 있으니 언제나 진리 부처님에게 감사할 뿐이다. 우리 속담에 '10년이면 강산이 변한다.' 고 했듯 강산이 변해도 세 번 변했다. 그러니 내 자신의 변화는 수 없이 변해 상대방을 짜증나게 하는 경우도 있고, 상대방에게 사랑받는 경우도 있다.

교직 생활 속에 감사하는 인연이 많다. 우선 부모님께 감사드리고, 나의 길을 교사의 길로 인도해주는 은사님들께 감사드리고, 나의 가르침에 순응하고 따른 학생들에게 감사한다. 특히 어머님께서 해주신 말씀 중 "학생들을 대할 때 부처님처럼 대하라."고 하셨다. "아이들을 때리지도 말고, 언제나 부처님으로 바라보면 탓하고 화낼 것이 없다."고 하셨다. 나는 이 말씀에 실천하려고 많은 노력을 했지만 어머님 말씀대로 실천하지는 못했다.

30년의 세월 속에 어느 새 내 모습은 하얀 백발로 변했다. 흐르는 세월을 거스를 수는 없나보다. 허나 다행스럽게도 건강은 유지되는 것 같다. 참으로 수없는 어려움 속에서도 나를 잃지 않고 현재의 나의 모습을 만들어 주신 사은님께 거듭 감사드리고 원불교 교도로서 교법에 맞추어 생활할 수 있도록 인도하심에 감사드릴 뿐이다. 지금 내 심성을 만들어 감에 있어 신앙과 수행을 통해 인과 진리와 불생불멸 진리에 많은 은혜를 입었다. 지금의 나의 생각은 언제나 원인을 생각하고, 그 결과가 그 원인의 씨에 따라 변화함을 깨달아 실천할 수 있도록 인도하심에 감사한다. 그 결과만을 바라보면 그 일 그 일의 전체를 볼 수 없지만 그 원인을 알아 그 전체를 보니 원망하고 탓하기보다는 감사한다.

'그 일이 왜?', '그 일이 나에게 왔을까?', '그 일에 대한 생각과 행동을 어떻게 하면 좋을까?' 하면서 내 자신을 보고 나를 인정함이 나의 심성을 다듬어 가는 지름길임을 비로소 알고 이를 실천하기에 더욱 노력한다. 그러기에 순경에 당하면 순경에 이르러서 감사기도 하고, 난경이 올 때에는 그 난경이 나의 변화의 조짐임을 알고 나를 인정하고 상대방을 인정하는 내 마음을 돌려보는 기회임을 알고 상대에 불공하는 기도를 올린다. 그 결과 내 마음속에 솟아나는 감사함이 나의 원력에 충전되어 내 습속이 길들여져 있음에 감사할 뿐이다.

아이들을 대함에 있어서도 '그들이 무엇을 원하는가?' 를 알고 그들의 마음을 열개하여 그들의 본래 자리로 되돌아 갈 수 있도록 이끌어 주면 안온하고 편안한 마음으로 대화를 나누게 된다. 특히 생활지도부장으로 근무할 때에 학생들이 생활지도상담부실에 불려와 지도를 받을 때 불안함을 느끼고 죄인처럼 입을 열지 않는 때가 많다. 그러면 그들의 생각과 행동을 인정하는 분위기를 설정하고 '그럴 수도 있겠구나!' 하며 함께 다가갈 때 그들의 마음은 열리고 가까워진다. 아이들은 아직 세상을 모르기 때문에 우리보다 순진하고 순박하다. 이 부분을 굳게 믿고 아이들은 수없이 변화할 것이라 생각하는 마음으로 아이 곁에 있다 보면 변하는 모습이 보인다. 이것이 교사의 보람이고 행복이다.

수업을 할 때 아이들의 메말라 있는 심성을 촉촉하게 적시며 부드럽고 감칠맛 나는 성현의 말씀을 아이들의 입장에서 전달하면 이이들이 집중해서 공감해온다. 그 한 예로 봄바람이 불어 올 때 이 봄바람을 나의 품안을 따뜻하게 해주는 고마운 바람임을 깨닫고 맞이한다면 그 봄바람은 여러분의 희망의 꽃을 피게 한다. 여러분이 이 희망의 꽃을 피고자 한다면 피게 할 것이고, 그렇지 아니하면 영원히 피지 않을 것이다. 오직 여러분의 마음가짐에 따라 여러분의 것이 될 수도 있고, 아니 될 수도 있음을 바라다보고 내가 정성을 다해 봄바람을 내 봄바람으로 만들어 가는 지혜 있는 학생이 되기를 염원하면서 칭찬과 격려를 해주니 초롱초롱한 눈방울로 경청하는 모습이 떠오른다. 내가 변화하는 만큼, 내가 큰 그릇이 된 만큼 학생들은 변화하고 큰 그릇이 될 수 있다는 인과의 진리를 굳게 믿고, 정진함이 오늘의 교사의 사명감임을 느끼고 생각할 뿐이다.

30년의 생활 속에 교사는 공직자의 사명감을 가져야 함을 언제나 느끼며 살아가고 있다. 공직자는 모든 학생들에게 별과 목탁과 소금의 역할을 해야 한다. 어느 일이던 쉬운 일이 있는가? 생각하면 그 덕목을 갖추는 것이 무척 힘들다. 허나 공도자의 덕목은 첫째는 응집력의 소유자가 되어야 한다. 둘째는 통찰력을 가져야 한다. 셋째는 정확한 판단력을 가져야 한다. 넷째는 추진력을 갖추어야 한다.

이런 덕목은 나를 만들어 가고 주위 인연들과 상생의 삶을 가꾸어 감에 절대적으로 필요하다.

첫째, 응집력이란 함은 학생들의 마음을 응집하고 학생들이 무엇을 원하고 있는지 관심을 가지고 학생들이 안고 있는 문제가 무엇인가의 해답을 모색하는 것이고, 어떻게 학생들을 하나로 모을 것인가를 끊임없이 생각하는 것이다.

둘째, 통찰력은 현상을 꿰뚫어 보고 전체를 조망하는 능력이다. 직관력, 집중력을 키워야 하고, 내가 가진 사상, 경험, 독서와 역사인식과 정보를 통해 변화를 읽어 낼 수 있는 혜안을 가지는 것이 바로 통찰력이다.

셋째는 정확한 판단력이다. 생활 속에 규범과 원칙에서 적절한 판단력을 갖추어야 한다. 이를 위해서는 인연들과 상호협력 관계를 가지고 좋은 생각을 나누어 가질 때 그 속에서 나의 판단력이 좋아질 것이다.

넷째, 추진력을 가지는 것이다. 판단한 내용을 어떻게 조직화해서 실행해 나갈 수 있을 것인가를 실천하는 것이 중요하다. 판단한 내용을 개념화 시켜 실행해 갈 수 있도록 노력하는 것이 바로 추진력이다.

이젠 많은 세월의 흐름 속에서 내 자신을 담금질하면서 내 마음을 둥그럽게 만들어 가는 내 본성자리를 찾는 순간순간이 행복하고 기쁠 따름이다. 어떤 경계가 닿을 때 내 자신을 인정하고 그 순간에 '어찌할꼬?' 내 자신에게 스스로 의문을 가지고 그 의문을 풀어 가는 것이 가장 중요한 일이라고 생각된다. 좋은 것은 살기로써 몰입하고 싫은 것은 죽기로써 안 해야만 내 본래 자리는 좋은 씨앗이 뿌려진다. 그 좋은 싹이 발아되어 좋은 꽃 속에서 향기가 묻어나고 열매가 맺어갈 것이다. 모든 것은 인과의 관계를 만들어간다. (2008. 11. 13)

자리이타(自利利他) 실천

우리 한자 속담에 '역지사지(易地思之)' 란 말이 있다. 오늘날 지식 정보사회에서 지식과 정보력의 우월성 때문에 자신의 주장을 앞세우는 경우가 많다. 자신이 남보다 우월하고 뭔가 특별히 다르다는 듯이 자랑하면서 자신만의 주장을 앞세우는 경우다. 이 경우 상대방의 말에 귀담아 들으려고 하는 자세가 부족하다. 그리고 상대방을 과소평가하고 불신하는 벽이 넓다. 자기 자만에 빠져 우월감의 도가니에서 빠져나오지 못하고 혼자 떠들어대는 불쌍한 존재가 되는 경우가 종종 있다. 이를 일러 독불장군이라 한다.

이 세상에 어찌 공유됨이 없이 혼자 살아갈 수 있을까? 바로 은혜의 감사함을 망각하고 사는 사람이다. 그래서 우리는 함께 공생공존하려면 언제나 상대방의 입장에서 이해와 배려를 하고, 상대방의 눈높이에서 객관적인 잣대를 재어가면서 나의 하심(下心)과 겸손함 속에 감사하게 배워가는 지혜가 필요하다.

흔히 아이들의 문제가 어른들의 논쟁이 되는 경우가 있다. 요즈음 처럼 하계방학을 맞아 현장학습의 과제를 할 경우에 박물관 등을 가는 경우가 있다. 여러 사람이 관람하는 경우 제한된 시간은 없지만 뒤에 일렬로 줄을 서서 기다리는 경우 있다. 이 때 서로 간에 시간을 의식하여 살펴보는 마음이 있다면 기다리는 입장에서 짜증이 덜 날 것이다.

허나 무심코 내가 먼저 왔기에 이 현장학습에 관한 내용을 샅샅이 살펴보겠다는 그 한 마음으로 뒤에 서서 기다리는 모습을 잊어버리는 경우가 있다. 뒤에서 기다리는 사람들은 이때부터 부글부글 마음이 끌어 오르기 시작한다. 독백하듯이 불평과 불만의 소리가 나중에 상대방이 알아듣도록 큰소리를 내면서 말싸움이 시작된다. 아마 나만의 생각이 옳다는 그 한 생각이 전체적인 질서를 파괴하는 경우다. 자신의 아이가 중하면 다른 아이도 소중함을 알아야 한다. 우리 아이가 더 더욱 발전하고 성숙하는 길은 겸손한 마음으로 배려하고 배우고자 하는 집념과 열정이 더더욱 필요하다. 내 것만 챙긴다고 해서 다 이루어지는 것이 아니다. 이 세상은 자기만 만족하며 살 수가 없기 때문이다.

체험학습 순서를 기다리며 서있는 자식의 안타까운 마음이나 전시물을 꼼꼼하게 체험하려고 노력하는 자식의 기특한 마음은 모두 자식을 사랑하는 부모의 마음이다. 다른 아이도 내 아이처럼 배려해주고 관심 가져주면서 상대방의 입장에서 먼저 생각해본다면 우리의 사회는 화목한 기운이 넘치고 요즈음처럼 무더운 밤에도 깊은 잠을 잘 것이다. 허나 이런 장면을 겪고 체험한 사람은 분이 풀리지 않아 깊은 잠을 청해도 잠이 오지 않고 괘씸한 생각만이 가슴에 끓어오른다.

특히 요즈음처럼 맞벌이 부부가 많아짐에 따라 아이들을 보육함에 있어 모든 아이들을 내 자식처럼 생각하면서 배려하고 사랑의 마음을 베풀어 갈 때에 아이들의 활달한 성격이 형성되고 그 밑바닥에 흐르는 심성자리가 곱고 감싸주는 감사하는 마음의 뿌리가 깊게 내릴 것이다. 요즈음 아이처럼 나만 아는 이기적인 생각의 싹을 버리게 하는 길은 상대방의 자식도 내 자식처럼 생각하면서 사랑으로 감싸주는 부모들의 마음자세가 선결 조건이다.

오늘도 똑같은 엄마의 마음으로 남의 아이도 내 아이처럼 올바르게 성장할 수 있도록 자리이타의 정신을 실천하는 부모가 되도록 노력해야 한다. 모든 관계는 승승관계다. 우리 민속놀이에 널뛰기가 있다.

내가 더 높이 올라가려면 내가 상대방을 높이 올라갈 수 있도록 온 힘을 다해 올려줄 때에 비로소 내가 높이 올라가듯이 언제나 상대방을 배려하는 그 한마음으로 생활의 싹을 키워갈 수 있도록 공든 탑을 만들어 간다면 우리의 삶이 바로 행복의 터전이 된다. (2007. 8. 7)

인격에 대한 일화

두 양반이 푸줏간에 갔다가 다음과 같은 이야기가 오갔다고 한다.

첫 번째 양반은 "어이, 박상길이 고기 한 근만 줘."

둘째 양반은 "박 서방! 나도 한 근만 주게."

두 양반은 수요자로서 공급자한테 자신의 의견을 제시했다. 허나 그 두 양반의 말투 속에는 공급자의 마음이 능선 능악 하게 드러나고 있다. 우리 속담에 "말 한 마디에 천 냥 빚을 갚는다." 고 했듯이 마음은 자신을 공경하고 인정하는 분에게 돌아감을 입증하는 일화이다.

고기를 받아 들자. 첫째 양반이 소리를 질렀다. "아, 이놈아! 같은 한 근인데 내 것은 왜 이리 작으냐?" 푸줏간 주인 박상길이 말했다. "예, 손님 고기는 상길이란 상놈이 자른 것이고, 이 어르신 고기는 박 서방이 잘랐으니 다를 수밖에요." 아주 작은 구멍을 통해서도 햇빛이 새어나듯이 말 한마디에도 자신의 인격을 드러낸다.

매일 아침 기도를 하면서 내 마음의 거울을 항상 들여다보고 얼룩진 부분을 수없이 닦아본다. 그리고 나의 원력의 서원을 수없이 원을 그려본다. 맑고 밝은 거울처럼 내 마음을 정성껏 들여다본다.

오늘도 이 세상 모든 생령들에게, 마음이 향하는 곳마다, 관계가 있어야 할 그 자리에서 평화롭고 행복하기를 지금 있는 그 자리가 꽃자리가 되고 바람이 불면 또 새로운 꽃자리를 찾아 그 있어야 할 자리를 찾기 위해 오늘도 한 걸음 내딛지는 마음을 간절히 서원해본다.

우리 삶 속에서 모든 생명과 사람, 마음과 관계 등이 그 있어야 할 자리를 찾지 못한다면 불편하고 불안한 게 사실이다. 우리는 있어야 자리에서는 편안하고 행복하다. 엄마의 품안에 안긴 어린아이처럼 평화롭고 하늘을 나는 새처럼 자유롭다. 또 있어야 할 자리에서는 은혜롭고 아름다울 뿐이다. 제자리를 지키는 등대가 있어 밤배들이 순항할 수 있고, 철 따라 제자리를 지켜주는 꽃과 나무가 있기에 산이 아름다울 수 있다.

살다보면 있어야 할 자리가 이동되는 경우가 있다. 선택에 따라 이동되는 경우도 있고, 어쩔 수 없는 상황 때문에 옮기는 경우도 있다. 이런 상황 속에서 삶이란 환상을 깨는 여행이라고 한다. 옮길 때마다 어떤 환상을 갖고 출발하지만 실제로 가보면 여지없이 예상 밖의 문제들이 기다리고 있었기 때문이다. 그래서 이제는 압니다. 결국 어떤 곳에 가더라도 문제없는 곳이 없고 어려움이 없는 곳이 없다. "삶은 끝없는 여행이다." 아무리 그 자리에 안착해도 계속해서 떠날 수밖에 없기 때문에 때가 되면 우리 안의 욕구가 꿈틀 대고 밖의 상황이 우리를 가만두지 않는다. 따라서 있어야 할 자리를 찾아 떠나게 되고, 끝나지 않을 여정이다.

우리가 있어야 할 자리가 어디일까? 아마 그 대답은 쉽지 않을 것이다. 허나 아마도 그곳은 내가 간절히 원하는 자리고, 나에게 주어진 자리가 분명할 것이다. 즉 '나만의 맞춤자리' 다. 그럼에도 불구하고 우리는 그 '어떤 자리' 에 대한 환상을 좇는 경향이 있다. 그래서 많은 사람이 그 자리를 향해 같은 방향으로 달리고 있다.

우리가 '있어야 할 자리' 는 모든 가능성이 열려 있다. 어떤 식의 삶의 방식도 택할 수 있는 것이다. 아무리 좋아 보이는 자리라도 근원적인 나의 평화와 행복이 맞닿아 있지 않다면 언제든지 흔들리게 된다. 사실은 있어야 할 자리에 대한 본인의 편견과 집착만 내려놓는다면 거기가 어디든 지금 있는 그 자리가 바로 우리가 있어야 할 자리이다. 우리의 환상과 기대를 놓고 온전한 본성에 입각한 자리, 생명과 평화가 맞닿은 자리라면 그 자리가 어디든 바로 꽃자리인 것이다. 앉은 자리에서 때가 되면 옮겨가야한다. 그 있는 자리에서 최선을 다하면 우연처럼 운명처럼 새로운 자리가 열리게 될 것이다. 그때는 또다시 바람처럼 자유롭게 가뿐히 떠나야 한다. 떠나야 할 때를 알고 떠나는 자의 뒷모습이 아름다운 것은 바로 이때이다. 남의 자리가 더 좋아서 엉덩이를 들고 여기저기 기웃거리며 비교하거나 좌절하고 있지는 않는가? 조금만 더 연봉이 높다면 더 좋은 학교를 나왔더라면 하면서…….

남의 자리를 기웃거리거나 지금 자리에 집착하면 고통이 시작된다. 지금 있는 자리에서 행복하면서도 있어야 할 자리로 이동하는 일에 열려있어야 할 자리로 이동하는 일에 열려 있어야 한다. 수행도 삶도 결국 머무름이 없는 여행이다. 지금 있는 그 자리에서 최선을 다 하면서도 있어야 할 자리로 끊임없이 떠나는 여행이다. 있어야 할 자리에서 평화롭고 행복하려면 마음도 열려 있어야 하고, 행동도 따라야 한다.

무엇이 나를 행복하게 하나?

봄기운이 가득한 대지를 바라보면 수많은 생명들이 꿈틀거리듯 하듯 분주하게 움직이는 생명의 태동소리가 들려온다. 이를 일러 생의 찬가라 했던가. 참으로 계절의 변화 속에 대지는 봄기운과 더불어 상생 상화의 노랫소리를 들려주고 있으니 온천지가 행복의 도가니다.

허나 '이를 느끼지 못하는 삶은 왜 그럴까?' 하면서 나를 살펴본다. 그렇다. 욕심이 그릇에 너무 차있기에 다른 것을 받아들일 여유가 없기 때문이다. 무엇이 그리 바쁜지 여유도 없이 그저 하루를 보내기에 급급한 나의 몸과 마음이 지쳐있다. '무엇이 이렇게 나를 만들어 놓았을까?' 하면서 반문하지만 명쾌한 답이 떠오르지 않는다. 아마 내 자신의 참된 바탕을 바라보지 못하기 때문이리라. 볼 것을 있는 그대로 보지 못한다는 것! 즉 실상을 보지 못하는 것은 현실의 욕심 때문이다. 욕심의 마를 털어내는 길이 행복이 관건이다.

그 근본은 욕심의 뿌리가 너무 깊숙이 자리 잡기 때문에 자신의 생활 속에 예리하고 참다운 지혜가 막혀있다. 허나 봄기운이 가득한 대지를 걸어가면서 창공을 바라보는 순간 내 자신이 너무 옹졸함과 편협한 마음속에 너무 자신의 에고에 갇혀있음을 느낀다. 봄기운의 고마움을 통해 나의 이런 고질적인 늪을 뛰어넘어갈 수 있는 마음의 준비가 필요하다. 허나 그 무엇에 쫓기고 그 무엇에 마음이 막혀있기에 눈앞에 보이는 것을 있는 것을 그대로 바라보지 못하고 있다. 내 앞에 놓여있는 것을 굴절된 마음으로 바라보고 있으니 '제대로 보고, 바로 느낄 수 있을까?' 하면서 모든 문제는 바로 내 마음에서 시작됨을 깨닫게 된다.

있는 것을 그대로 바라본다는 것은 결국 그 실상을 바라본다는 것이다. '참으로 나를 사랑하는 마음이 이것이구나!' 하면서 '스스로 욕심이 가져다주는 것이 이것인데 왜, 이 벽을 넘지 못한 것인가?' 봄날의 기운을 느껴가면서 생각해본다. '내 삶을 경영하면서 목표가 있고 그 방침에 따라 관리를 했건만 어리석은 관리를 했구나!' 하면서 너무 경솔한 생활의 운영한 나를 바라본다. 그렇다. 내가 나이기 때문에 함부로 그 이치와 원리를 생각 없이 마구 활용한 것이 화근임을 알게 된다.

그러면 '내 자신을 어떻게 관리할까?' 하면서 우주자연의 섭리를 통해서 그 순리를 배우자. 봄날의 천지 속에 상생상화 소리를 들을 줄 아는 내 마음을 만들어 가자. 그것도 서둘지 말고 하나하나 꼼꼼하게 챙겨가면서 매사에 그 이치와 원리를 바로 실천하는 공부가 필요함을 느낀다.

봄이 왔다. 봄기운에 많은 생령들이 그 아름다운 자태를 가꾸고 있다. 그 속에서 만들어지는 그 원리와 이치를 바로 알고 이를 응용할 줄 아는 지혜를 갈고 닦아야 함을 새삼 느낀다. 봄철에 밭고랑과 논둑길을 따라 걷다보면 수많은 나물들이 돋아나고 있다. 봄날에 아낙네들이 냉이, 달래, 씀바귀 등을 캐는 모습이 연상된다. 과연 캐는 나물을 통해서 내가 무엇을 어떻게 느끼고 생각할까? '내 마음은 어느 정도 여유 속에 봄의 기운에 대한 은혜를 간직하고 있는가? 참으로 우주자연은 이런 힘이 어디에서 오는 것일까?' 하면서 생각을 해본다.

봄나물에 풍겨오는 뿌리의 독특한 향이 코를 찌른다. 그 냉이의 잎보다 뿌리가 크고 튼실함을 바라보는 순간에 '왜, 이러할까?' 하면서 스스로 물어본다. 그 이유는 엄동설한 겨울에 언 땅을 견디어내면서 잔뿌리를 더한 이유이다. '이 뿌리의 힘에 입어 찬란한 봄이 가능하구나!' 하면서 '비록 작은 힘이지만, 그 힘이 조화되고 하나 되어 그 조직력을 이끌어가는 튼실함을 나는 왜 보지 못하지?' 하면서 내 삶을 반조해본다. 그렇기에 매사의 경계가 올 때마다 요란함 속에서 '은혜를 모르고 원망하고 화를 낸다는 일을 스스로 만들어 갔구나!' 하면서 내 앞에 보이는 것은 실상이 아니라 현상만 보일 뿐이다.

땅속의 뿌리가 죽지 않고 살아 있었기에 땅위의 식물들이 겨울에 갖은 추위 속에서도 죽은 듯이 움츠리고 있다가 때가 되어 봄이 되어 새롭게 살아나듯이 찬란한 봄의 기운이 가능한 것이다. 즉 살아있는 뿌리만이 봄을 맞아 싹 틔우고 꽃을 피울 수 있다. 이런 뿌리의 작용은 바로 땅의 은혜를 받지 못 한다면 이룰 수 없다. 살아있는 뿌리는 땅을 통해 '생명의 에너지'와 소통한다. 왜냐하면 우주 자연의 전체에 생명의 에너지가 가득하고 땅에 뿌리를 뻗고 소통이 가득하기 때문이다.

'과연 우리의 뿌리는 무엇일까? 우리의 뿌리는 어디로 뻗어야 생명의 에너지와 맞닿을 수 있을까?' 하면서 스스로 반문해본다. 살아있는 나무가 땅에 뿌리를 내리고 생명의 에너지를 끌어당기듯 뿌리를 찾아 그 하나인 자리에 탄탄히 뿌리를 가졌기에 기쁨과 행복을 펴 올리는 일을 열심히 해야 한다.

원불교 교조인 대종사님은 "만유가 한 체성이요, 만법이 한 근원이다." 라고 하셨다. 세상 전체가 한 몸이고, 세상의 근본원리는 하나이듯이 우리는 매사에 실상을 바로 볼 줄 아는 지혜를 가져야 한다. 즉, 하나의 자리에 맞닿아 있는 존재를 보아야 한다. 우리는 모두가 부처임을 알아야 한다. 모두가 꼭 있어야 할 자리에 부처가 있기 때문에 서로 살리고 돕는 은혜로운 존재가 있음을 바로 봐야한다.

나무를 볼 때에도 가지에 피어 있는 꽃과 잎만을 바라보면 그 전체를 보지 못하는 것이다. 그 나무의 뿌리를 봐야한다. 그 뿌리가 바로 실상이다. 꽃이 피는 것도 잠시 피는 것이고, 그 잎이 나는 것도 일시적이다. 모든 것은 때가 되면 피었다가 시들어버리는 것은 당연한 것이다. 왜냐하면 자연의 이치이기 때문이다.

그러나 지상의 나무는 사계절이 있지만 땅 속 뿌리에는 사계절이 없다. 그렇게 뿌리와 잎을 동시에 보면 언제나 살아 있는 나무의 신비의 뿌리는 그것이 더 이상의 죽는 괴로움이 아니다. 우리는 가지인 현상을 보면 외롭고 괴롭다. 세상을 들여다보면 가만히 있는 것이 없다. 늘 바람이 불어온다. 사랑이 왔다 갔다 하고, 돈이 왔다 갔다 한다. 일도 왔다 갔다 하고, 건강도 왔다 갔다 한다. 그렇게 현상만 보면 가지 끝에 불던 작은 바람에도 흔들린다. 사방의 경계도 외롭고 괴로운 것이다. 내려오면 될 걸, 나를 열고 나의 집착이라고 꿰뚫어 놓고 뿌리로 내려오면 달라질 것을 어리석게도 모르는 것이다. 가지 끝에 매달린 외로움과 괴로움에서 벗어나 뿌리로 만나는 참다운 자유와 행복의 주인이 못됨을 깨닫는 순간이다.

그러나 뿌리를 보면서 실상을 바라보면 그 순간부터 자유이다. 하나의 큰 몸 안에서 거대한 생명의 에너지와 함께 호흡하면서 소통할 수 있기 때문이다. 그 자리에서는 당신의 기쁨이 내 기쁨이 되고 당신의 성공은 나의 가능성이 된다. 내가 외로우면 당신에게 기대면 되고, 당신이 힘들면 내가 도와줄 수 있다. 경계를 짓지 않으니 기쁨과 에너지가 넘나들 수 있기 때문이다. 우리는 너무나도 그 현상만을 바라보는데 익숙해 있다.

그래서 나와 너의 선을 긋고 내 것과 네 것을 나눈다. 그렇게 스스로 벽을 쌓고 담을 높이면 괴롭고 아우성이다. '조금 내려놓아 보면 어떻게 보일까?' 하면서 나의 생활 습속에 굳어진 내 방식, 내가 세워 놓은 원칙을 조금은 내려놓는다면 그 실상을 바라볼 수 있는 마음이 열린다. 그것이 바로 진공묘유다. 내 마음이 언제나 이 마음속에 움직인다면 모두 부처로서 행복의 도가니 속에 들어 있다. 허나 욕심의 마 때문에 부처 마음을 잊어버리고 살아가기 때문에 진공묘유에 머물지 못함이 안타깝기만 하다.

나를 내려놓고 내 생활방식의 생각을 고집하지 않으면 지금까지 보이지 않던 것들이 보인다. 오면 가고, 가면 오는 것이 보인다. 우리들이 하는 일들이 오고 갈 때에 꼭 그래야 할 이유가 있는 것을 바라볼 수 있는 것이다. 꼭 그렇게만 된다면 갖고 싶은 것이 간다고 괴로워하지 않는다. 피하고 싶은 일이 닥쳐도 크게 속상해하지 않게 된다. 가면 가는 데로 오면 오대로 그 속에 은혜가 있음을 알게 된다. 이때에 비로소 그 안에 기쁨과 행복이 있다. 아무리 큰 은혜 속에 살아도 내 안에 갇혀 살면 고통을 받을 수밖에 없다. 나의 작은 욕심 때문에 이미 가진 큰 행복을 놓치게 된다.

우리가 진정한 깨침은 즉, 진정한 기쁨은 그 깨달음의 지혜로 우리의 삶을 자유롭고 행복하게 꽃피우는 데 있다. 붙잡고 있는 가지를 놓고 뿌리로 내려가야 한다. 거기에서 세상과 한 몸인 내가 오고 감이 둘이 아닌 자리에서 평화와 행복을 길어 올리는 것이다. 가지 끝에 매달린 외로움과 괴로움에서 벗어나 뿌리로 만나는 참다운 자유와 행복의 주인이 되도록 간절히 서원하면서 모두가 은혜의 산물임을 깨달아 가는 내가 되어보자. 이때에 비로소 모남이나 부족함이 없이 자유롭게 날개를 펴고 창공을 날아다니는 새처럼 허공법계를 바라보면서 욕심을 비우고 주인이 되어 은혜를 베푸는 주인공이 될 것이다.

(2010. 4. 18)

나의 참모습

사람이 살면서 '무엇을 안다는 것과 무엇을 실행한다는 것' 은 참으로 어려운 일이다. 요즈음처럼 지식홍보시대에 살면서 세상의 모든 지식을 얻는다는 것은 불가능한 일이다. 그 지식의 양에 비례하여 나의 행복지수가 좌우되기도 한다. 허나 지식양이 많다고 해서 모든 것이 행복하지는 않다. 언제나 이를 실행하여 나의 것으로 활용할 줄 아는 그 무엇이 있을 때 가능한 것이다.

내가 무엇을 안다고 할 때에 그 기준은 모두 내 내면적 기준에 맞추어 판단하기에 상대방의 것과 괴리가 있을 때에 거리를 좁히지 못하는 경우가 있다. 그 무엇을 안다는 것을 실행에 옮기는 것도 그 한계가 있다. 그 기준도 모두 내 내면적 기준에 맞추어 판단하기 때문이다. 그래서 그 무엇을 안다는 것과 그 무엇을 안다는 것을 실행한다는 것의 차이는 얼마나 될까? 반문해 보면 백지 한 장 사이의 경우도 있다. 또는 수 천 장이 될 수도 있다. 백지 한 장이라도 눈을 가리면 앞을 못 보기는 철판 만 장이 가린 것과 매 한가지다. 앞을 보려면 백지 한 장마저도 치워 버려야 한다. 그런데 나는 그 한 장을 치우는 것이 참으로 수월하지 못하니 문제다. 나에게는 왜 그리 어려운 것인가? 자문자답을 해본다. 안다는 것에서 실행한다는 것으로 넘어가기란 그 과정 속에 깨달음이 있어야 하기 때문이다.

그러나 깨달음을 얻는 것은 그리 쉽지 않다. 그 깨달음을 어렵게 하는 주된 원인을 무엇일까? 생각해보면 보통 우리들이 가지고 있는 고정관념을 버리지 못하는데서 오는 것 같다. 우리는 고정된 자기를 유지하려고 몸부림치고 끝내 붙들고 있는 것일까? 이것이 문제이다. 그것은 다름 아닌 정신의 세력이 쇠퇴해졌기 때문이다. 쇠퇴는 균형 감각이 깨어져 있음을 의미한다. 정신의 세력이 쇠퇴하여 균형을 잃을 때, 인격도, 육신도, 그리고 생활도 생명력을 잃기 마련이다. 언제나 물질과 정신의 조화 속에 내 자신을 관리하는 자세가 필요하다.

깨달음에 있어서 아는 것을 실천하여 사는 사람들의 공통점이 있다. 그 하나가 생명에 대해 깊은 연민의 정을 갖는 것이다. 생명에 대한 연민의 정이 없이는 말을 하지 말라는 말이 있다. 글도 쓰지 말라. 차라리 일도 하지 말라. 하는 강한 메시지가 있다. 이는 연민의 정이 없이 어찌 매사에 이해가 있겠는가? 이해 없이 공유가 된다는 것은 참으로 어렵다. 그 밑바닥에는 서로 챙겨주고 당겨주는 담아주는 정이 있어야 한다. 때때로 내가 나를 채찍 하면서 나를 뒤돌아보는 교훈적인 말이다. 그 둘은 자기가 자기의 늪에서 빠져나가는 경험을 지속하는 것이다. 어찌 좁은 공간에서 넓은 것을 바라볼 수 있을까? 하는 말이다. '우리말에 우물 안 개구리' 라는 말이 있다. 우물에서 바라보는 것은 그 한계가 있다. 우물 밖에서 바라봐야 다 보이듯이 자신의 늪을 빠져 나와야 확실한 내 자리와 위치를 보게 된다. 즉, 내가 나를 빠져나가는 실마리가 된다.

가을 잎이 곱게 물들어 떨어지면 다음해 피는 잎이 싱그럽듯이 모든 문제는 내 자신의 마음속에 있다. 내 마음 안에서 일어난 부스러기와 껍질을 벗겨내고 무너뜨려야 넉넉하고 평화로워진다. 본래의 내가 아닌 것을 과감하게 무너뜨리자. 그래야 내 마음의 본래 자리를 찾는 것이다.

무엇을 얻었다고 자랑하는 것, 그것은 부질없는 허울에 내 마음을 빼앗기는 것이다. 약간 번쩍이는 것이 일어나면 깊이 감추고 묻어 두는 것과 새지 않게 할 때 지혜는 빛을 발할 것이다. 번쩍이는 것을 자랑하지 말고, 묻어 두는 것이 참은 밝은 지혜이다. 바로 내 마음의 본래 자리를 찾는 것이다.

모든 사물에는 그림자를 수반한다. 그 그림자를 동반하지 않는 것이 바로 겸손이다. 겸손은 막힘도 없고, 재앙도 없다. 어떤 일을 함에서 있어 겸손을 수반한다면 그것이 큰 덕이고 바로 내 마음의 본래 자리를 찾는 것이다. 이것이 바로 내 마음의 본래 자리를 찾아 내 자신이 흔적 없이 일하는 넉넉하고 평화로운 교사로 우뚝 솟아 있을 것이다. (2004. 11. 15)

물가를 거닐면서

잔잔한 바람이 이는 봄날의 호수 길을 거닐면서…, 진달래꽃, 철쭉꽃 활짝 핀 봄날의 산길을 걷는다. 중천에 떠오른 여름밤의 길을 걸으면서…, 갈대 잎 나부끼는 강 언덕 여름 길을 걷는다. 단풍으로 물든 사철나무 산책로를 걸으면서…, 산사에 소복이 쌓인 낙엽 길을 걷는다. 솔밭에 쌓인 겨울철 눈길을 거닐면서…, 사계절을 동경하는 동안 마치 그림 같은 산책 속에 내 자신을 만들어 보고자 하는 그 한 마음이 가슴 한켠에 자리 잡는다.

하루 일과를 마무리하고, 퇴근 후 석양 노을을 뒤로 하며, 한강 둔치에서 팔당 대교 쪽으로 운동 삼아 거니는 습관이 있어 오늘도 산책을 나섰다. 멀리는 병풍처럼 검단산, 예봉산이 펼쳐지고, 흐르는 한강 물줄기는 어떤 경계도 없이 흘러간다. 아마 자연은 모든 것을 배려하고, 사랑하기에 흐르는 세월 속에 그 여유와 너그러움이 더 크게 느껴지는 것 같다. 검단산, 예봉산 중턱에 신선 같은 구름무늬를 그리는 모습이 마치 동양화의 한 폭을 바라보는 듯 신비롭고 아름답다. 마치 한강수에서 어변성용 하듯 청명한 가운데 수면에 솟아오르는 수증기가 뭉게뭉게 솟아오른다. 참으로 내 피곤한 심신이 솜털처럼 가볍게 풀리는 기분이다.

오늘 따라 운동 겸 산책을 하면서 사랑하는 내자와 함께 한참동안 무언 속에 거닐었다. 상쾌한 기분이 새벽 독경을 함께 하면서 느끼는 기운처럼 내 온몸에 퍼진다. 내자의 아름다움이 그 육신보다 마음에 있음을 깨닫고, 그 감사함이 저절로 우러나온다. 평소에 타성에 젖어 상대방을 읽지 못하고 내 틀을 주장하는 고집이 상대를 마음 아프게 하고, 원망의 씨앗이 되게 만들었다고 생각하니 부끄러운 마음이 나를 엄습한다. 지천명에 비로소 느끼는 감정, 그 그동안의 나의 무지함과 무관심을 일깨워 주는 이 시간이 참으로 소중하다.

흘러가는 물소리, 바람 소리에 요란하고 어리석고 부족했던 마음이 씻기는 듯 하다. 내 어질지 못하고, 욕심내는 그 한 마음이 내자의 마음을 얼룩지게 만들었다. 지금 되돌아보니 내자의 그 본래 마음을 읽지 못하고, 얼룩지게 만들었던 내 자신이 원망스럽기만 하다. 이렇게 자연스럽게 불어오는 바람 소리처럼, 물소리처럼, 새 소리처럼 하나 되어 인생의 동반자로 살아가리라 내 마음의 촛불을 밝혀본다.

조금 더 바람처럼, 물처럼, 새처럼 배려하고, 참고, 인내하는 그 한 마음이 있었더라면 하는 반성과 더불어 마음이 편안해진다. 지난날에 내자에게 아프게 했던 너절한 내 마음의 찌꺼기를 걸려내면서 지금의 마음을 오래오래 간직하기를 서원한다. 물같이 바람같이 "미움과 원망" 을 버리고, 세월이 가도 식지 않는"사랑을 감싸 안으면서 사는 내 자신을 다짐한다. 물소리, 바람소리를 들으며 그 동안 내자의 숨은 공에 감사" 하며 강변의 고수부지를 거닐었다. (2006. 6. 30)

아침 출근

오늘은 우리 부부가 함께 강동 지역으로 출근한다. 그날이 그날이지만 오늘 아침 따라 피부로 느끼는 바깥 기온은 차갑지만 내 마음은 훈훈하다. 부부 교사로 학생들을 가르치고 지도하는 직분을 가지고 함께 출근한다는 것이 감사하고 행복할 뿐이다. 함께 출근하기 때문에 더불어 나누는 마음이 배가 되는 것 같다. 더더욱 내 행복이 크게 느껴지는 이유는 같은 직업을 가진 동질감에서 오는 이해의 폭이 넓고, 그래서 상대방을 편하게 해주는 경우가 많아서이다. 지금 이 순간 나의 아내를 위하여 어떠한 마음을 가져야 하는지를 생각해 보았다.

내 입장을 먼저 생각하기보다는 상대방을 먼저 생각하고 배려하는 마음이 상대방을 즐겁게 할 수 있다는 생각이 든다. 출근길을 아내와 동행하면서 어떻게 사는 것이 행복한 것인가를 생각해 보았다.

바깥의 기온이 봄이라 해도 아직 쌀쌀하지만 바깥 풍경을 바라보면서 내 마음을 살펴본다. 한강물은 여여하게 흘러간다. 순간, 그 물의 속성이 하나의 진리처럼 느껴진다. 예봉산 · 검단산의 산봉우리가 능선따라 웅비하는 모습이 힘과 저력을 느끼게 한다. 엊그제 내린 잔설이 능선 자락에 설경으로 그림을 그려주고 있으니, 자연이 주는 선물에 내 마음이 벌써 겨울의 눈처럼 차갑고 맑아지니 감사함을 느낀다. 내 자신을 잠시 멈추고 자연의 품안에 안기는 마음이다.

자연을 통해 겸허함과 고마움 속에 나를 인정하고 나를 생각하는 기회가 되니 참으로 행복하다. 참으로 오늘 아침 아내와 더불어 출근하는 기분이 사뭇 즐거운 이유는 이렇게 여유롭게 자연을 즐기고 나를 바라보는 시간도 가질 수 있기 때문이리라. 내가 근무하는 학교는 일자산 기슭에 자리 잡아 자연의 풍광이 빼어나고 도심 속에 전원을 느끼게 하는 안온한 곳이다. 이런 곳에 위치한 학교에 근무할 수 있어 행복할 뿐이다. 더구나 내가 맡은 아이들이 초등학교를 막 졸업한 중1학생들이라 귀엽고 사랑스럽다. 그네들은 무엇을 생각하면서 등교할까? 이런 저런 생각을 하면서 학교문을 들어선다.

그렇다. 교사라면 무엇보다도 먼저 학생에 대한 관심과 애정이 선행되어야 할 것이다. 나는 과연 어떤 존재인가 돌이켜 보고 반성해 보는 시간을 가진다.

아이들이 등교하기 전에 교실을 말끔하게 정리하고 맞이하고 싶어 발걸음을 재촉한다. 얼른 교실 공기를 환기시키고 깨끗하고 정돈된 교실 분위기를 만들기 위해 정리를 하고 있는데 일찍 온 학생 서너 명이 나의 일을 도와준다. 아이들의 솔선수범하는 모습이 기특하고 고마울 뿐이다. 그렇다. 아이들이 스스로 하고자 하는 그 마음을 길러주는 것이 교육이다. 이런 분위기 속에서 자신들을 만들어 간다면 매사 자율적으로 자신의 일들을 가꾸어 갈 것이라 확신한다.

교실 창밖으로 내려다보이는 목련 한 그루가 눈에 들어온다. 참으로 자연의 수목과 꽃들은 있어야 할 자리에서 때가 되면 때를 알아 아름다운 잎과 꽃을 보여주는 모습이 감동스럽다. 봄기운을 받은 꽃망울의 모습이 더욱 아름답게 보인다. 모든 생명체는 이런 과정 속에서 자연의 신비를 보여주고 있으니 한 송이의 꽃이 피어나면서 생명의 진수를 드러내 보이는 순간이 신비롭기만 하다.

목련이 때를 알아 피어날 준비를 하는 것처럼, 이제 막 인생의 꽃봉

오리를 터트리려는 초롱초롱한 눈빛을 가진 학생들에게 꿈과 희망을 심어주고, 훌륭한 교사는 못 될지언정 좋은 교사가 되어야겠다는 마음으로 최선을 다 해야겠다. (2010. 3. 3)

칭찬은 마음의 영양제

오늘날 우리의 삶은 참으로 복잡한 조직 문화 속에 살고 있다. 그 문화의 영향으로 보다 진보된 생활을 향유할 수 있다면 참으로 감사할 일지만, 그 반대로 아픔과 상처를 주는 경우가 많다. 조직 속에 의사를 소통하는 길은 여러 방법이 있지만 그래도 가장 보편절인 방법은 언어이리라. 우리 속담에 '말 한마디에 천 냥 빚을 갚는다.' 는 말과 '오는 말이 고와서 가는 말이 곱다.' 라는 말이 있듯 우리는 말 한 마디 한 마디가 상대방의 마음을 좌우할 수 있음을 유념해야한다.

'칭찬은 우둔한 사람을 천재로, 불가능한 일을 가능하게 한다.' 는 말이 있다. 참으로 칭찬은 잠재력을 계발할 수 있는 엄청난 에너지다. 칭찬은 삶 속에서 좌절과 실의로 넘어지고 마음 닫힌 사람을 일깨워 준다. 우리가 집에서 어머님의 정성으로 만들어 식탁위에 올려놓은 음식을 먹으면 기분이 좋아지고 몸이 건강해지듯 상대방에게 칭찬을 주는 것이 우리 마음에 영양제를 주는 것이다. 신체적 건강을 유지하는 영양제가 있듯 정신건강을 위한 영양소가 많지만 그 중에서 칭찬과 겸허의 영양소는 최고라는 생각이 든다.

어느 상담선생님의 경험을 소개한다. 이 아이는 엄마를 잃고 남의 도움으로 살아가는 아이이다. 그 아이의 의기소침하고 눈빛이 다 풀어진 모습을 보는 순간 엄마의 마음으로 때로는 이모, 누나의 마음으로 대해 주고 싶은 생각이 들었다고 한다. 깊은 관심과 애정으로 칭찬을 아끼지 않자, 그 몇 달 후에 그 아이는 눈빛이 초롱초롱해지고, 마음의 문을 열었다고 한다. 기회가 될 때 마다 "어, 너 그래? 정말 잘 했다. 나는 네가 할 줄 알았거든, 대단한데, 짱이야! 이런 이야기였구나!" 하며 그에 대한 관심을 보이고, 칭찬을 함으로써 그 모습이 달라졌다고 한다. 참으로 칭찬과 격려는 사람을 살리는 도구다.

우리가 태어나면 엄마의 눈빛에서 '긍정과 찬사의 예찬' 을 발견한다고 한다. 엄마의 그 눈빛이 우리 삶의 영원한 영양소가 되어 고단한 삶도 이겨낼 수 있는가 보다. (2007. 3. 26)

정신을 차려!

오늘 아침은 봄기운을 시샘이나 하듯 쌀쌀하다. 줄곧 입고 다니는 한복을 벗고 양복을 입고 출근하니 좀 춥다. 아내가 운전하여 무심히 창밖을 바라보니 길가는 행인들의 몸동작이 다소 부자연스럽게 보인다. 바깥 기온이 어제보다 떨어져서 웅크리고 걸어서 그런가 보다.

출근하는 동안 전철을 이용할 때에는 독서하는 시간이 있어서 좋았지만 금년 신학기부터는 함께 승용차를 이용하다보니 함께 이야기할 시간이 있어서 또 좋다. 허나 가끔은 혼자 MP3를 사용하다 보니 아내한테 미안할 때가 있다.

그래서 오늘 아침에는 정전을 살펴보고 가니 그 정전이 예쁘고 간편해 보였는지 어디에서 구했는지 물어온다. "응, 이것은 원무 훈련 때 선물로 받은 것" 이라 하면서 원하면 내가 구입해주겠다고 하면서 출근을 한다. 아직은 겨울의 냉기가 남아 있지만 그 어디에선가 봄기운 속에 새 생명력이 약동하고 있음이 느껴진다. 나도 그 봄기운 속에 잠기면서 정전을 읽어 간다. 내가 읽는 부분은 좌선법이다. 좌선이라 함은 정신면에서 망념을 쉬고 진성을 찾는 것이고, 육체면에서는 화기를 내리고 수기를 올리는 것이라 한다. 몸과 마음을 하나로 조화시키는 심신수양이 그리 쉽지 않음에 한 번에 그치지 말고 끊임없이 노력하리라 생각해 본다.

그 좌선법은 나의 가벼운 행동을 고쳐주고 좀 더 진중하고 깊이 있게 해 주리라. 기억력이 향상되고 인내력도 향상 되리라. 그리고 착심이 없어지고 사심을 정심으로 변하게 할 수 있는 큰 힘을 얻을 수 있다는 면에서 활용할 수밖에 없음을 다짐해본다. 그렇다 매일 같이 새벽기도를 할 때 이 좌선법을 이용해야겠다는 생각이 든다. 이런 생각을 하며 팔당대교를 넘는 순간, 나 자신을 돌아보게 하는 작은 사건이 하나 있었다.

금년 겨울에는 눈에 많이 내리고 기온이 많이 내려가서 도로가 얼었다 녹았다 하면서 도로 파손이 많다. 팔당대교 도로도 예외는 아니다. 몇 군데가 움푹 패였다. 오늘 아침에 내자가 운전하는데 움푹 패인 곳을 보지 못해 차가 심하게 요동쳤다. 깜짝 놀라 무의식적으로 "정신을 어디에 두고 하는 거야?" 짜증을 내며 화를 버럭 내 버렸다. '순간적으로 내뱉는 말이 운전하는 상대방에게 큰 충격을 주었구나!' 하는 생각이 번개처럼 스쳐온다. 그리고 아내의 얼굴을 쳐다보았다. 아내의 얼굴이 벌겋게 달아오른다. 자기 잘못을 인정하고 미안함과 무안스러움의 표현이리라.

마음을 다스린다고 좌선법을 공부하면서 이런 사소한 감정조차도 추스르지 못하는 내 자신이 부끄럽게 느껴졌다. 아내는 내가 차사고를 냈을 때도 아무 말 없이 큰 일이 없으니 다행이라고 하면서 나를 위로해 주었는데 나는 그 반대로 상대방을 원망했으니 내가 얼마나 속이 좁고 부족한 사람인가 새삼스러이 반성하게 된다. 마음공부는 멀고 큰 것에 있는 것이 아니라 작고 사소한 생활 속에 있음을 확인하는 하루였다. (2010. 3. 16)

메모 속에 행복이네!

내 삶속에 수많은 경계거리를 비우고, 가다듬는 마음은 부질없는 내 욕심을 빗자루질하는 것이다. 이 텅 비움 속에 참나가 있고, 그 참나는 생명거래에 변함없는 참 주인이다. 그 참 주인이 하는 일이 은혜의 산물을 만들어 낸다고 확실하게 믿고 신앙과 수행으로 교법을 생활화하고 나를 성업봉찬하면서 내 심신을 가꾸어 간다면 내 생각과 정서는 수없는 글의 향기가 피어나리라 간절히 서원해본다.

물 흐르듯 글을 쓴다는 것은 참으로 행복으로 가는 길이다. 이 길을 걸어가는 길은 쉽지 않다. 언제나 나의 부질없는 생각의 마를 짓밟고, 수많은 글들을 읽으며 하심으로 나를 바로 보고 왜? 내 생각은 이 정도 밖에 안 되나, 왜 나는 이런 생각 없이 살아왔는가? 하면서 나를 바라본다. 이때 부질없는 내 아만심을 본다. 참으로 내 자신이 이런 버릇이 있었구나! 하면서 내 자신을 탓하기도 한다. 이 순간 오직 필자의 생각을 거룩하게 받들고, 필자의 신성한 생각과 꾸준한 실천을 받들면서 순간순간 멘토로 표준삼아야 한다는 그 일념 속에서 필자의 생각과 공유하는 마음이 절대적으로 나를 만들어 가는 한 과정이라 생각한다. 이 순간 내 것으로 만들고, 수양하는 동안 내 근기가 변화하는 순간이 올 것이라는 기대와 환희 속에 노력을 한다. 그리고 수없는 내 생각을 만들어 가면서 수없이 형상 있는 것과 형상 없는 것을 만들고 부수면서 갈고 닦는 수련의 반복이 내 생각의 싹을 틔울 것이다. 그리고 수없이 파지를 내면서 그 파지의 분량에 따라 내 글이 나올 것이라는 믿음 속에 오늘도 끊임없이 노력한다.

내 자신에게 엄격한 나를 만들어 갈 때 나의 브랜드를 만들 것이라 확신한다. 이를 위해서 언제나 신앙과 수양을 통해서 나를 수없이 다듬어 간다. 내 자신이 어떤 환경에도 드나들 수 있는 자유자재한 내 자신의 날개를 펼쳐 나를 수 있는 능력을 가져야 한다. 나는 불같은 열정이 있다. 누가 봐도 그 열정 때문에 나를 많이 사랑하고 믿어준다. 이 에너지를 간직하고 한 평생 살아가기 위해서는 끊임없는 자기관리 하도록 서원일념으로 생활한다. 그리고 매사 매사에 한 땀 한 땀 바느질하는 심정으로 정성스럽게 수놓듯 글을 쓰는 서원을 간절히 해본다.

이순을 바라보는 나이에 귀가 밝아지고 넓어지는 때라 하지만 그 말씀을 실천하지 못하는 내 마음을 본다. 어찌 고정관념의 필름에 묶여 자유롭게 넘나들지 못한다면 불행할 것이라는 생각 일념으로 자유자재의 생각의 날개를 만들어 갈 수 있도록 노력할 뿐이다. 마치 청개구리가 한 우물에 머물러 있는 것이 아니라 항상 점프를 하면서 그 경계선을 넘어보고자 노력하듯이 언제나 잔잔한 눈으로 뒤돌아보는 나를 만들어가고자 서원한다. 한 순간 한 순간 아름답도록 노력한다.

불경 반야심경의 구절에 '색즉시공 공즉시색'라 했건만 어느 것이 내 편인가? 가까이 가보면 공보다는 색 속에 요란함이 가득한 세월이었네. 그 색의 속박에 자유인이라 착각 속에 내 마음 속박 속에 가난한 마음만이 가득해 버렸네. 그 속에서 웃음보다는 울음이 많았고 그 속에 깨달음이 적었으니 측은함이 어디 있겠는가? 바로 내 인생의 관리가 잘못되었기에 내 받는 업보임에 틀림없다. 내 청춘은 물리적 숫자로는 많지만 진정으로 내 청춘의 가치는 너무나 짧으니 바보스럽기만 하다. 청춘의 아름다움은 길면 길수록 행복할 것인데 내 청춘의 아름다움은 짧기만 하다. 지금 이 순간 잔잔해진 눈으로 되돌아보는 순간 참회와 회계를 통한 내 업보를 내 스스로 녹여갈 수밖에 없네. '왜, 나에게는 그 젊은 날에 그 아름다움을 보지 못했을까?' 하는 그 마음속에 내 자신을 바라본다.

달빛이 스며드는 차가운 밤에 이 세상 끝의 끝으로 온 것같이 무섭기도 하지만 나에게는 일원상의 법신불이 계시는 순간 그 위안에 힘입어 전진하고 진급하는 마음이 앞설 뿐이다.

'내 고귀한 삶 속에 와 닿는 것 중에 육신과 영혼이 조화된 모습이 언제나 있을까?' 하는 마음속에 세월 따라 내 육신과 내 마음이 녹슬고 있으니 폐물이 되어 간다는 평가 절하된 마음이 앞선다.

그러나 내 생명은 오로지 능동성의 활동으로 존재한다는 것을 유념으로 간직하면서 나의 하루하루의 일과 속에 내 생각과 정서를 여과하면서 옛사람이 말하기를 '일은 보배' 라고 했듯이 나의 일거리 속에서 '일은 보배' 라 함을 곰곰이 되새겨 보면서 삶의 활력을 찾아본다. 밤은 깊어 가고, 밤소리가 귀에 쟁쟁 울린다. 오늘도 깊은 밤에 내 행복을 추구하면서 내 생각과 정서를 한 장에 메모한다.

불공하는 마음

풍요로운 가을의 풍경을 바라다보면 시야에 들어오는 것이 석류 속같이 맑고 투명한 세계로 가득하다. 예나 지금이나 변함없는 가을 흥취가 우리네 마음을 여과시켜 언제나 순수하게 해준다. 나무 잎새에 맺힌 이슬방울처럼 순수하고 깨끗한 자태를 보여주니, 언제나 가을의 향취를 그리워하곤 한다.

우리는 은혜의 산물 속에서 살고 있지만, 그 은혜에 보은하는 길로 살아가는 삶을 갈구한다. 특히 가을을 맞아 수확하는 때라 그 풍성함을 만끽하면서도 자기 혼자는 이 감격을 누릴 수 없다. 이는 옆에서 은혜의 보따리를 받아 때를 놓치지 않고 열심히 살아간 증거이다. 물론 자기의 노력이 절대적이지만 주위의 인연 따라 은혜의 기운을 받는다는 것이 얼마나 행복한가?

그래서 우리가 살면서 가장 큰 복은 인연 복이라 한다. 이 인연 복을 저버리는 삶은 끝에 가서 불행한 삶이 이어진다. 그래서 성현들은 말씀하시기를 '자기가 받은 은혜는 자기가 갚아야 한다' 고 말씀하신다. 이 세상에서 가장 어리석은 사람은 자기만이 받은 은혜를 자기 것으로만 간직하고 베풀지 않고, 어리석게 살아가는 사람이다. 어찌 행복한 삶이라 할 수 있을까?

역사적으로 살펴볼 때, 베풀고 사라온 사람만이 후대에 존경과 사랑을 받는다는 것을 누구나 잘 알고 있다. 상대방의 성공적인 삶을 위하여 서원을 올리는 미덕은 아름답기만 하다. 우리말에 '발 없는 말 천리 간다' 는 말이 있다. 언제나 상대방을 향하여 좋은 마음을 가지던 나쁜 마음을 가지던 내가 한 말은 허공법계에 그 기운이 서려 상생과 상극의 과보를 받는 것이 호리도 틀림없다는 성현의 말씀에 공감이 간다. 아마 이 말씀은 영원한 진리일 것이다. 어찌 이 진리를 어기고 생활할 수 있을까? 따라서 우리는 상대방을 위하여 정성과 사랑을 베푸는 생활 분위기가 아쉽기만 하다.

우리 속담에 '말 한마디에 천 냥 빚을 갚는다.' 는 말이 있듯이 말의 씨가 되어 복이 되기도 하고, 화가 되기도 한다. 우리 주변에서 흔히 볼 수 있는 일은 상대방이 없다고 상대방에 대하여 험담하고 흉을 보는 일이 많다. 허나 이는 자승자박이 되어 언제나 자기에게 피해가 오고 있음을 감지할 수 있다. 오늘날 모든 것이 기계화되고 있는 시점에서 사람의 존귀함이 희석되어 가고 있다. 이는 상대방에 대한 신뢰감이 적기 때문이다. 우리가 모든 일을 할 때에 우선적으로 믿음으로 시작해야한다. 믿음은 모든 일의 원천이다. 믿음 속에서 그 일 그 일에 분별력이 생기고 의구심이 생기어 그 일의 이치를 깨닫고 그 일의 흐름을 알아 성실하게 노력한다면 그 일의 성취도가 높아만 갈 것이다.

따라서 내가 하는 일들이 순리적이고 성공적인 성취를 위해서는 매사에 마음공부가 절대적으로 필요하다. 한 생각이 일어날 때에 그 일이 순경으로 진행되기 위해서는 간절한 서원을 올리는 불공이 필요하다. 이때의 불공은 지극한 정성이 기본이 된다. 어디 정성 없이 이루어지는 것이 있는가? 헤아려 보아도 찾아 볼 수가 없다. 정성된 마음으로 불공하는 생활은 복의 거름을 주는 것과 같다. 자라나는 식물에 영양분을 주지 않고 어찌 성장할 수 있을까?

우리가 이런 원리를 알았다면 때와 장소를 가리지 않고, 일념으로 불공하는 생활을 해야 할 것이다. 우리는 흔히 자기 것을 성취하기 위해서 근시안적으로 이기적 불공을 하지만 이는 현명하지 못하다. 언제나 상대방과 더불어 좋은 인연이 되어 갈 수 있는 동반자적인 불공을 드리는 자세, 자기와 더불어 이웃이 함께 복 받는 불공하는 힘을 배양하는 길이 공생공존하는 지름길이라 생각해 본다.

우리네 삶은 선택의 과정

우리가 살고 사회는 미래가 불확실하기 때문에 어떤 일을 결정할 때 늘 두렵고 강등과 고민이 따른다. 만일 우리 삶이 운명론적이라면 어떤 고민과 갈등 없이 그 때만 기다려서 자기의 욕구가 충족되면 그만이겠지만 이를 충족할 수 없는 상황이라면 내 행복은 이것밖에 안 되거니 하고 노력이나 창조하는 변화가 없이 이끌리어 갈 것이다.

그 예를 들면 어느 농부가 "배부르면 배부르게, 배고프면 배고프게 생활하는 것이 내 운명" 이기에 내 삶의 주체성 없이 세월 따라 살아간다. 허나 내 인생은 인과응보라고 생각하는 사람은 절대로 여기에 동의하지 않는다. 내가 씨를 뿌린 만큼 얻기 때문에 이에 대한 내 자신이 연마를 하고, 어떻게 하면 더 많은 생산성 있는 수확을 할 것인가 자기 노력이 필요한 것이다. 따라서 여기에는 고민과 갈등이 따르기 마련이고, 내 생활은 이미 만들어진 것이 아니라 내 선택하여 만들어 가는 것이다.

따라서 내 생활은 내가 어떤 생각을 가지고, 행동하느냐에 따라 행복과 좌절이 좌우된다. 선택하는 과정에서 내 자신이 그 선택의 주체가 되어 노력여하에 따라 생활의 모습이 달라진다. 우리 주변에서 성공한 사람들의 경험담에 귀를 기울이기도 하고, 천기를 엿보려고 점쟁이를 찾기도 하지만 남의 얘기를 듣고, 성공을 모방하기란 그리 쉽지 않다. 한 성공의 과정에 필요로 하는 필요충분조건이 사람에 따라 달라지기 때문에 참고는 될지언정 똑같은 방법으로 성공이란 있을 수 없다. 만일에 동일한 방식으로 어떤 목표를 향하여 노력했다고 해도 성공하면 비결이고 실패하면 변명이 되는 것이 우리의 삶이다.

완벽주의에 가깝게 모든 일을 꼼꼼하게 처리하는 사람은 절대로 모험을 즐기지 않는다. 왜냐하면 모험하는데 준비하는 것이 많이 필요하고 이에 대한 준비가 아니 되었기 때문이다. 이들의 단점은

"실패에서 배우는 경험을 스스로 배제한다." 이들은 실패에 대한 두려움이 크기 때문에 도전을 회피하는 것이지 성공에 대한 열망이 약해서 그런 것은 아니다. 또한 조금만 가능성이 보여도 모험에 뛰어드는 사람은 장기적으로 볼 때 실패의 가능성이 크다. 가면 갈수록 모험의 정도가 커져서 한번 실패하면 앞서 이룬 성공마저 허물기 쉽다. 도박에 발을 들여놓는 사람이 결국은 빈털터리가 되는 것도 같은 이치다.

우리 속담에 "평소에 잔병을 좀 앓아야 큰 병을 피할 수 있다."는 말처럼 우리는 평소에 고민과 갈등 속에서 지혜를 배우듯이 어느 정도 "실패연습"을 해두어야 비로소 큰 승부를 할 용기와 지혜가 생길 수 있다. 그렇다면 실패를 하더라도 장기적인 안목에 승산이 있다고 믿는 자신감의 암시는 무엇일까?

우리가 잘 아는 사업가의 손정의씨는 어느 인터뷰에서 "자신은 새로운 사업을 벌이는 경우 대개 70%정도의 승산을 선택선으로 본다."고 했다. 아마 이 말씀은 그가 사업을 하면서 여러 시련과 아픔 속에서 겪은 최후의 해답을 우리에게 주는 교훈적인 이야기라 생각한다. 우리가 어떤 일을 시작함에 용단도 중요하고 여러 자료가 중요하지만 전체적인 면에서 약 70%의 가능성은 그 일의 성과면에서 기대치를 올려줄 수 있는 하나의 해답으로 생각한다. 어디 처음부터 포장된 도로를 내 성향대로 질주할 수 없고, 내가 처한 환경에 적응하여 종합적인 판단을 내려서 승산 70%는 우리의 욕구를 충족해줄 수 있는 필요충분조건으로 간주해본다. 아마 보편타당성과 생산성이 높으리라 생각한다.

나는 학교에서 모든 일을 할 경우 최선을 찾는 경우가 많다. 허나 그 성취도가 항상 높을 수는 없다. 때에 따라서는 나를 불안과 원망과 화냄으로 나를 몰아넣는 경우도 있다. 허나 내 생각이 짧았다는 생각이 든다. 최선을 찾는 것도 좋지만 차선책도 생각하는 지혜로움이 부족했던 것이다. 언제나 모든 일을 시작함에서 그 전략에서는 모험정신보다는 겸손함이 생활화되어야 한다. 처음부터 완벽한 결과를 추구하기보다는 70%의 성공을 염두에 두는 것이 우월한 전략이 된다. 송년의 마지막 시간을 맞아서 한 잔의 맥주잔에 조금의 여백을 두면서 맥주를 조금씩 부어 70%를 채우는 것에서 내 마음의 여유를 찾아본다. 그리고 한 해를 마무리하는 여유를 가지고 서산의 노을을 만지어보듯 바라본다. 내년에 떠오르는 태양에 밝은 희망을 담아보면서 저물어 가는 한 해를 보낸다. (2010. 12. 16)

우리가 어떤 일을 시작함에
용단도 중요하고 여러 자료가 중요하지만
전체적인 면에서 약 70%의 가능성은 그 일의 성과면에서
기대치를 올려줄 수 있는 하나의 해답으로 생각한다.
어디 처음부터 포장된 도로를 내 성향대로 질주할 수
없고, 내가 처한 환경에 적응하여 종합적인 판단을
내려서 승산 70%는 우리의 욕구를 충족해줄 수 있는
필요충분조건으로 간주해본다.
아마 보편타당성과 생산성이 높으리라 생각한다.

내 고향, 화로같은 인정

뒷마당 장독대에 오종종하게 자리 잡은 장독들이
평화롭게 즐기는 모습들이 아름답다.
형수님이 조리질하며 싸락싸락 쌀을 이는 소리가 참 듣기가 좋았고
밥솥에서 밥되는 냄새가 참으로 고향 맛을 더했다.

한 해를 되돌아보면서

세월이 유수 같다더니 정말 바쁘게 흘러간다. 특히 금년에는 생애 처음으로 많은 변화와 어려움을 겪다보니 여느 해보다도 많이 성숙했다. 올 초 최고의 소망은 투병중인 어머님의 건강회복이다. 우리 형제 6남매와 손자, 손녀들은 어머님의 건강이 빨리 회복되시기를 간절히 기원하였고 또한 어머님께서는 우리 6남매의 건강과 가정의 행복을 축원하셨다.

6남매가 한 자리에 모여서 옥암회 모임을 가질 때의 일이다. 우리들은 모두 어머님의 병고를 안타까워하면서 그 동안 자식으로서 어머님께 충분한 효를 다하지 못함을 반성하고, 효의 모자람을 더더욱 자탄하고, 지금이라도 여생을 편안하고 행복하시도록 노력하자고 다짐하였다.

병상에 오랜 동안 계실 때에 큰 형수님의 지극 정성으로 수발을 해 주셔서 얼굴 화색도 더욱 밝아지시고, 마음도 편안하신지 우리가 가면 으레 하시는 말씀이 "네 형수와 형이 고생한다." 고 하시면서 감사한 마음을 잊지 않으셨다. 어머님께서는 늘 형님 내외분의 은혜를 잊지 말고, 항상 그 감사한 마음을 가지고 보답하면서 생활하라고 당부하셨다. 즉 형제간에 돈독한 우애를 바탕으로 6남매가 오손도손하며 살아가는 것이 바램이셨다.

어머님께서는 언제나 돈독한 신앙생활을 하시면서, 흐트러짐이 없어 막내인 나는 어머님의 지극한 생활 자세에 많은 감동을 받았다. 어머님의 청정한 마음과 자비의 마음으로 한결같이 기도하는 모습과 염불하는 모습이 내 삶에 많은 깨우침과 신앙의 등불을 밝혀 주셨다. 오늘의 내가 신앙생활을 하루의 일과 중 가장 중요한 부분으로 여기는 것도 사실은 어머님께서 주신 선물이다. 나는 이를 집안의 가보로 간직하고 내 생활을 설계하면서 꾸준히 즐거운 가정을 이루려고 정성을 다하고 있다. 이는 내 아들과 딸에게 주고 싶은 선물이다.

어머님께서는 내 삶에 언제나 희망과 용기를 주시면서 때로는 무언 속에 때로는 말씀으로 수 없는 가르침을 주셨다. 이따금씩 어머님께

따끔한 훈계를 받고 그것을 실천하는 아들이 되고자 많은 노력을 했지만, 얼마나 어머님의 마음에 흡족하셨는지는 알 수 없다. 금년 들어 어머님께서 건강이 많이 좋아지실 것 같은 기분이 들었다. 현철이 조카 결혼식 때만 하더라도 온 가족을 반기시면서 그 아이의 행복함을 염원하는 기도도 하셨다. 당신께서는 직접 참여하지는 못하지만 참여하는 사람들로 하여금 맑고 훈훈한 마음을 베풀어 주셨다.

허나 노인의 건강은 어른들이 '밤새 안녕' 이라 말씀하시듯이 예측할 수 없었다. 초록이 물드는 신록의 계절 5월, 그 중에도 스승의 날에 열반에 드셨다. 어머님께서는 배움의 기회를 갖지 못해 한평생 글을 읽지 못하셨기에 그것에 대한 한을 가지셨다. 특히 부처님 법문을 줄줄 읽으시면서 부처님께 당신의 서원을 올리시는 것이 평생의 소원이셨다. 허나 그 소원을 이루지 못하시고 저승으로 가셨는데 그 날이 5월 15일 스승의 날이다. 배움에 대한 열망이 얼마나 강하셨기에 가르침을 축하하는 스승의 날에 극락의 세계로 입적하신 것이 아닌가 싶다.

어머님을 여읜 6남매 형제들은 깊은 슬픔에 잠겨 갑자기 태양을 잃은 듯하고, 앞길이 컴컴하고, 의지할 곳 없는 고아가 되어버린 것 같이 막막했다. 우리 형제의 슬픔을 동조나 하듯이 산천초목도 함께 슬피 울어주었다. 우리 6남매는 어머님의 천도를 위해서 49제와 100제를 지극 정성으로 올리면서 '어머님의 극락왕생을 위한 염원' 을 한결같은 마음으로 올려 드렸다. 6남매의 형제들은 그 동안 어머님이라는 존재가 얼마나 크고 대단한 분이었던가를 생각하며 더욱 깊은 슬픔 속에 잠겼다. 이제는 큰 형님을 중심으로 세대교체가 되어, 보다 원만한 6남매 가정이 되도록 우애를 다지고, 열심히 각자의 생활에 임하고 있다.

어머님의 열반은 이생에서는 부모와 자식 간에 영원한 이별이다. 내가 이제 어머님과 만나는 것은 후생길이다. 어머님께서는 분명 후생 길에 극락생활을 하실 것이기 때문에 내 자신이 수양과 신앙생활을 통하여 상생의 선업을 쌓아 저승의 극락에서 어머님을 뵈올 수 있다는 확실한 신념을 가진다. 나는 열심히 어머님처럼 노력하는 신앙인이 될 수 있도록 간절히 일념으로 생활하리라. 이에 대한 끊임없는 노력 속에 내 자신이 여여한 마음으로 어머님을 생각하며 그 유업을 닮아 가리라 노력할 뿐이다. 그래서 금년에는 거의 새벽에 아침기도를 하는 것이 생활화되어 기도로서 하루를 시작한다.

이런 기도생활을 하다 보니, 내 모난 마음이 둥글어지며 매사에 자유스러운 내가 되어간다. 마음공부가 이젠 생활화된 것 같아 다행스럽고 감사할 뿐이다. 이 모든 것이 어머님께서 나에게 주신 선물이다. 이 글을 쓰는 지금도 어머님의 모습이 선명히 떠오르며 그리워진다.

그 동안 생활해오던 아이들과 생활공간이 갈라졌다. 큰 아이가 중국행을 결정해서 이미 북경에 가서 적응하고 열심히 공부하여 별로 걱정이 없었다. 허나 둘째 아이가 한의학 공부를 하기 위해서 중국을 간다고 하기에 너무 당황하였다. 요즈음 세상이 세계화, 정보화, 무한경쟁시대에 살고 있는 상황 속에서 외국생활은 당연한 것이지만 여자 아이가 부모 곁을 떠나서 간다는 것이 매우 걱정이었다.

그래서 여러 번에 걸쳐서 마음을 돌려 한국에서 공부하고, 졸업 후에 외국에 갈 것을 권유했지만 딸의 결심이 워낙 확고해서 결국은 딸아이의 손을 들어주고 말았다. 공항에서 큰 아이가 떠날 때에도 눈시울을 적셨는데, 둘째 아이가 떠날 때에는 더욱 눈물이 앞을 가리었다. 우리 부부는 이 날 학교 퇴근 후에 집에 와서 말없는 눈물을 흘렸다. 나는 마치 어릴 때에 어미 소가 송아지 새끼를 다른 집에 보내고, 울음소리를 내듯이 쓸쓸하고 외로운 감정을 드러냈다. '아마 자식의 미래를 위해서 부모와 자식의 이별이 이러한데 죽은 이별은 오죽할까?' 하는 생각을 하면서 내자의 마음을 달랬다.

두 남매가 생각보다 빨리 현지에 적응하면서 어학연마에 최선을 다하는 모습에 안도감을 가졌다. 요즈음은 통신수단이 발달되어 외국이 내 이웃 같아서 수시로 안부를 확인할 수 있다보니 우려했던 마음이 가시었다. 우리 부부는 매일 같이 아이들을 위하는 기도생활을 하고, 신앙으로 1년의 농사를 일구었다.

어머님의 열반 후에 우리 집에는 크게 두 가지의 변화가 왔다. 하나는 규모가 작은 폐차장 사업을 준비하여 오픈한 것과 다른 하나는 삶의 보금자리를 옮긴 것이다. 교직이라는 비교적 안정된 직장생활을 하면서 세파를 겪지 않고 사회물정을 모르고 살아온 것이 감사할 뿐이다. 조그만 사업을 시작하면서 냉엄한 사회의 현실에 부딪히다 보니 세상은 정으로만 살 수 없고, 예리한 판단력을 가지고 사려 깊은 철학 없이는 살 수 없는 상황임을 알 수 있었다. 허나 주위의 인연들이 상생으로 많이 도와주어서 생각보다 쉽게 사업을 풀어나갈 수 있었다.

금년에 가장 크게 배운 것은 '자신의 노력 없이는 살 수 없고, 성실함과 신뢰감이 생활의 기반' 이라는 것이다. 또한 모든 일은 노력한 만큼 수확할 수 있다는 인과보응의 진리도 깨닫게 되었다. 앞으로 사회는 열린 세계이기에 갈등과 고민이 더 있기 마련이다. 이런 고민과 갈등 속에서 내 운명은 선택되어 간다. 운명의 선택 주체는 내 자신이다. 고민과 갈등, 조각난 꿈에 휩싸여도 좌절하여 보내는 시간이 없어야 함을 알았다. 희미한 촛불 하나가 온 세상의 어둠을 물리치듯이 비록 아주 작은 희망일지라도 그 희망만이 혹독한 절망에 맞설 수 있다는 것을 깨닫는 한 해였다.

삶의 보금자리를 옮긴다는 것이 그리 쉬운 일은 아니다. 허나 금년에 아이들이 유학을 갔기에 유지비가 많이 소요되는 곳에 산다는 것이 비경제적일 같아 근무처에서 그리 멀지 않고, 공기 맑은 곳과 경제성이 있는 곳을 찾아 옮겨 보고자 덕소에 삶의 보금자리를 옮겼다. 덕소는 공기가 좋고, 앞 거실에서 바라보면 검단산과 예봉산이 병풍처럼 보이고, 한강 물이 유유히 흘러가서 경관이 좋다. 근자에 도회지에서 볼 수 없는 호조건과 한강 둔치를 따라 부부가 산책하기에 매우 좋은 곳이라 망설이지 않고 선택했다. 물론 출퇴근하는 것이 다소 어려움이 있었지만 그 시간에 정담을 나누고, 대화의 시간을 많이 가질 수 있어 좋은 점도 많은 듯하다. 이런 시간에 오히려 결혼생활 22년 동안에 식어 가는 마음을 하나로 모으고, 부부애를 달구고 재충전하는 기회가 되었음에 감사할 뿐이다.

이렇게 많은 변화 속에서 우리 가족은 많이 성숙하고 신앙생활도 철저해졌다. 언제나 내 자신을 바라보고 내 본질을 확인하는 기회가 많았다. 허나 새해에는 망념을 쉬고 진성을 나타내는 공부를 확실히 해서 화기가 내려가고 수기가 오르게 하는 생활 습속을 만들어 언제나 몸과 마음이 한결 같아 평상심을 가지도록 노력하는 표준생활을 다짐하는 서원을 해본다. 오늘도 매사의 경계 속에 이해와 감사로 하면서 내 본래 자리를 찾는 서원을 굳게 한다. 그래서 여느 해보다도 지혜롭고 평온함을 간직하는 생활 속의 일원상을 그려본다. 저물어 가는 한 해를 회고하면서 매사에 진리기운과 사은님의 축복 속에 감사하는 한 해였다.

사은님! 감사하는 2001년 신사년 한 해였습니다. (2001. 12. 30)

내 마음 물줄기

'우주의 성주괴공 진리는 영원한 것인가? 인간의 생로병사는 피할 수 없는 것인가?' 하는 문제는 우리의 영원한 과제일 것이라 하는 물음에 한 순간 생각이 날카로워진다. 변화의 물결 속에서 과연 나는 누구이고, 또 어디를 향해서 가고 있는가를 생각해 보게 된다. 내 자신이 나를 가장 잘 아는 것 같으면서도 모르는 것이 우리의 인생인가 보다. 쉬운 것 같으면서도 어려운 일이다. 오죽하면 소크라테스가 "네 자신을 알라." 하는 말이 오늘날까지 진리로 전해져 왔겠는가?

이번에 어머님의 열반을 보고 느끼는 것이 많다. 평소에 어머님께서는 늘 당신을 한없이 낮추시고, 자식과 그 자식의 가정을 위해서 드러내지 않고 정성을 다하신 모습에 고개가 숙여진다. 어쩌면 자신의 죽음이 임박해서도 자신의 천도보다는 자식의 앞날을 밝게 해주려고 노력하신 모습은 정말 '선공후사의 정신'을 실천하신 분이라는 것을 알게 해준다. 우리 어머님은 생활 속에 선공후사의 정신이 몸에 베여 있으셨다. 자식의 혜복과 그 가정의 복락에 대한 일념으로 부처님에게 당신의 서원을 지성으로 올리고 가신 삶의 귀감이셨다.

막내 아들집에서 10년을 함께 생활하면서도 언제나 빠짐없이 새벽에 일어나셔서 새벽 불공을 드리고, 아침 불공, 저녁 불공도 빠트리지 않는 모습에 나도 모르는 사이에 신앙과 수행의 뿌리가 내려졌다. 일요일이 되면 으레 교당 법회에 나가 지난 한 주일을 반성하고, 다가오는 한 주일을 준비하는 시간이라 생각하셔서 우리 부부는 언제나 법회 날에는 빠짐없이 출석하게 되었다.

어머님께서는 철저하게 도덕적 삶을 중요하게 여기셔서 어디에 가든 공익을 앞세우는 선공후사의 정신을 심어주셨다. 6남매의 어느 가정을 가셔서도 자식의 서운한 감정이나 모난 면이 있어도 그것을 흉보거나 원망하지 않으시고 크고 넓게 포용해 주시는 모습에 우리 6남매는 감사하고 고개가 언제나 숙여졌다. 특히 며느님들에 대한 사랑은 각별하셨다. 당신께서 시집 오셔서 갖은 시집살이를 하셔서 그런지 당신만은 그런 삶을 배제하셨던 것 같다. 될 수 있으면 자부들이 생활하는데 불편함이 없도록 사랑으로 배려하셨다. 우리 집에 계실 때에는 온종일 잔일을 하시면서 며느리 손을 덜어 주시던 그 모습에 저희 부부는 감사하고, 때에 따라서는 인생의 한 지혜를 배우게 되었다.

어머님께서는 일찍부터 청담 스님의 불법 가르침에 수많은 중생의 자리를 놓으신 것 같다. 또한 국내의 사찰을 다니시며 많은 불력을 얻으셨고, 그곳에서 고승들과 많이 접하시면서 그 배움이 많으신 것 같았다. 그 배움을 행동으로 실천하시면서 우리의 귀감이 되어 주시었다. 그것을 보면서 우리의 신앙도 자랐다고 생각한다. 어머님께서는 한 평생을 사시면서 깊은 슬픔이 있으시다면 글을 터득하지 못한 것이었다. 당신께서 글을 읽을 줄 아신다면 부처님 곁에서 부처님 정신을 더욱 깨달아서 실천하는 사람이 되고, 더더욱 부처님 삶을 닮아가는 삶을 사셨을 것이라고 말씀하셨다. 그래서 그런지 어머님께서 열반하신 날이 스승의 날이다. 나는 이렇게 정리해 본다. 열반에 드신 날이 스승의 날, 이 날은 배움의 길에 들어온 모든 사람들이 인도하고 가르쳐 주는 선생님께 감사하는 날이다. 스승의 날에 열반하신 것은 그 동안 어려움을 겪으면서 한글을 제대로 읽지 못해서 한이 되었던 것을 뜻 깊은 날에 털어 버리고 저승에 가신 듯하다. 한글을 해독하고, 불경을 줄줄 읽으면서 부처님의 불력을 얻으려고 하신 의미가 깊게 서려있는 듯하다.

막내인 나에게 어머님께서는 크신 사랑을 주셨다. 10년 동안을 함께 생활하면서 행동으로, 마음으로, 말씀으로, 때로는 따끔한 매로서 많은 가르침을 주셨다. "언제나 가장으로 높은 품위를 지키는 길은 부부간에 화목하고 가정을 평화롭게 이끌어가는 것이다." "아내에게 모든 일을 의논하고, 절대로 혼자서 결정하지 말라."고 하셨다. 또한 "아내에게 모든 면에서 양보하고, 아내의 생각을 존중해서 살아가라."고 말씀하셨다. 허나 나는 실천한 면도 있지만 그렇지 못한 면도 있다. 어머님을 여의고 생각해보니 너무 부족한 자식이었음에 깊은 슬픔과 회한만 느껴질 뿐이다.

어머님께서 열반에 드신 후에 그 영가의 천도 길을 닦아 드렸다. 아침마다 천도독경을 하면서 어머님과 무언의 대화를 해보았다. 불가에서 말하기를 열반 길에 드신 영가의 천도를 위해서는 물론 영가가 생전에 선한 업으로 생활하시면서 본인의 천도를 하고 간다 하지만 열반 후에 타인의 지극 정성으로 천도를 드려야 그 영가가 애착 · 원착 · 탐착을 끊고 정념을 가지고 천도되어 극락왕생할 수 있다고 한다. 내가 그 동안 어머님한테 받은 은혜를 보답하는 길은 이 길밖에 없다. 어머님의 영가가 49일간 중음에 떠서 나그네처럼 다니실 때 어머님의 한을 풀어 드리고 묵은 업장을 녹여 드리는 길이 어머니께 보답하는 길을 본인이 알고, 매일같이 독경을 하였다. 어머님께서 열반에 드시기 2일전에 뵈올 때에 나는 가슴에 와 닿는 것이 있다. '머지않아 열반에 드시겠구나!' 하는 감이 들었다. 어머님께서는 평소 병상에 누워 계실 때에는 자손들이 가면 금새 알아보시고 "왔구나! 내 새끼" 하면서 목덜미를 끌어안아 주시면서 "내가 얼마나 기다렸는데" 하시면서 반가운 눈물을 흘리셨다. 그 동안에 있었던 말씀을 물 흐르듯이 잔잔하게 말씀하셨는데 이번에는 편안한 마음으로 누워 계시면서 "왔구나!" 하시면서 잔잔한 호수처럼 말씀이 없으셨다. 지금 생각하면 이미 자손들을 다 보시고 이젠 내가 떠날 때가 되었으니 부디 형제들 우애하고 잘 살아가도록 무언으로 유언을 주신 것 같다.

어머님께서는 일찍이 팔십 노구임에도 불구하시고 도선사에 가실 날이 다가오면 일주일부터 모든 것을 챙기시고 본인의 서원을 세우시면서 간절히 기도를 올리셨다. 새벽녘 추운 엄동설한임에도 불구하고 새벽 4시에 출발을 종용하면서도 "내가 너무 내 욕심내서 네가 잠을 덜 자서 어떡하냐?" 고 걱정을 하시곤 했다. 새벽불공을 알리는 사찰의 범종소리를 듣는 것을 어머님께서는 매우 좋아하셨다. 사무실에 가서 접수하시면, 석불전에 가셔 석불님에게 간절한 서원을 올리기 위해서 준비해간 과일, 쌀, 양초 등을 풀어 올리시면서 나는 순간 손과 발이 시려서 호호 불면서 행동거지가 좁혀졌건만 어머님께선 지극 정성으로 모든 추위를 다 물리치면서 어두운 새벽녘 기운을 가르신다. 어머님께서는 노구를 이끌고 탑 주위를 빙빙 도시면서 탑의 기운을 온전히 받기듯, 지극 정성으로 탑신을 때로는 만져보면서 "나무아비타불 관세음보살"을 암송하시면서 수없이 도셨다. 그 다음으로는 돌로 조각된 석가모니 부처님을 향하여 1000배를 하시면서 부처님과 하나 되셔 불력을 받으시는 것 같았다. 당신의 복락을 비는 것이 아니라, 자식들의 미래의 복락을 염원하면서 식사를 거르고 염불을 하신다. 집안에서 어머님께서 설명기도를 하시는 과정을 보면 부처님과 대화하듯이 기도를 많이 하셨다. 아마 살아 움직이는 참 기도다. '부처님이시여! 이 법성심은 배움이 없어서 부처님 법문을 읽지 못한 불쌍한 중생이오니 불쌍히 여기시어, 언제나 마음의 지혜와 슬기를 주시고, 늘 부처님 곁에서 생활하는 이 법성심이 되게 하여 주십시오.' 그 간절한 서원으로 아마 부처님께서 감동을 받아 많은 불력을 얻어 언제나 부처님처럼 살아가시려고 노력하셨다.

어머님께서는 평소에 건강이 그리 좋지 않았다가도 도선사 부처님을 뵙고 오시면 언제 그러했나 하듯이 몸과 마음이 조화 속에서 밝고 맑고 훈훈함을 잃지 않으셨다. 이런 모습을 항상 보여 주시었기에 자손들은 언제나 그 거룩한 신앙심에 감복을 금하지 못하였다. 어머님께서는 남다른 마음공부로 상대방을 따뜻하게 해주시면서 언제나 지극 정성한 마음으로 감싸주시면서 매사를 지혜롭게 풀어주시는 삶의 방식을 가르쳐 주셨다. 절대로 무리함을 배제하시고, 언제나 부처님의 법대로 살아가시는 모범을 보여 주셨다. 또한 말씀보다는 행동이 앞서 가시었기 때문에 흐트러짐 없이 말씀과 행동의 일치 속에 상대방으로 하여금 신뢰와 존경을 받게 하셨다. 가정에서 많은 가족이 모이면 언제나 형제간에 우애를 강조하셨다. 이는 어머님께서 우리 6남매에게 영원한 선물이고, 앞으로 이 과제를 풀기 위해서 6남매가 많은 노력을 할 것이다. 어머님께서는 신사고를 가지고 사셨다. 자식들이 올린 용돈을 부처님께 올리시고, 남은 돈은 가족들 생일이나 손자, 소녀들의 용돈을 금일봉으로 내놓으며 언제나 당사자를 챙겨주시는 삶의 지혜를 가지고 사셨다.

특히 선곤이와 버금이는 할머님의 사랑을 흠뻑 받고 자랐다. 때로는 학교에서 상을 받거나 예쁜 짓을 할 경우에 격려금을 받아 즐거워하면서 "할머니 고맙습니다." 하면서 즐거워하는 모습이 엊그제 같은데 할머님은 열반에 드시고, 우리 아이들이 해외에서 공부하고 있으니 세월의 무상함을 느끼게 한다. 나는 어머님 열반하시는 것도 보지 못하고, 우리 아이들도 장례식에 참여하지 못했으니 우리 가족은 열반하신 어른님께 큰 죄를 지었다. 어머님께서는 당신의 옷이나 음식을 과하게 요구하지 않으시고, 언제나 소박하고 검소하게 서민적 삶의 굴레를 벗어나지 않으시면서 부처님의 정도를 닮아가려고 엄청 노력하셨다.

그래서 나는 언제나 어머님을 생불님이라 부르곤 하였다. 그래서 어머님께서 10년 동안 계시는 동안 우리 집은 부처님의 기운이 가정에 가득 배어 있어서 좋은 일로 많은 변화가 왔다. 어머님 방안에 들어가면 향기가 그윽했으며, 방바닥을 어찌나 닦으셨나 내 얼굴이 비춰어 보일 정도로 광택이 났으니, 어머님은 그 얼마나 마음을 닦으셨나 하는 생각을 하였다. 어머님께서 주무시는 깊은 밤에 방을 열고 들어가서 불을 밝히고 주무시는 모습을 바라보고 있노라면 '정말 얼굴의 모습이 불도의 경지에 이르신 모습이시고, 수행의 모습이 이것이구나!' 하는 생각을 하게 되었다. 나는 어머님께서 받은 신앙의 힘을 내가 받아 열심히 살아가고자 노력을 수없이 다짐한다. 나는 어머님을 여의고, 마음의 축을 잃어버린 기분이다. 어머님이 저승에 가셔서도 막내아들을 위한 불공하는 모습이 선연하게 그려진다. 오늘은 대학원 수업관계로 어머님 열반 3 · 7제에 참석하지 못하고 내자만 참가하는 날이다. 어머님께서 무척이나 서운하셨을 것이다. 허나 며느리의 갖은 정성이 어머님의 마음을 풀어 드릴 것이라 생각한다. 자식인 내가 한 자리에 모여서 추모담을 한다면 어머님의 삶은 큰 어른으로 고귀한 삶이었다. 언제나 지극정성으로 기도하면서 부처님 심법으로 가족과 타인을 위한 헌신적 삶을 사신 어머니였다. (2001. 6. 4)

어버이날 산책길

5월의 청초함 속에 생명의 인연을 주신 어버이날을 맞은 감회가 새롭기만 하다. 싱그러운 5월 하늘에 만휘군상을 다 포용하듯 청명한 날씨가 눈이 부시다. '행복이란 이런 것이구나!' 하는 생각이 든다. 그동안 작은 생각들을 모아 사색노트를 만들고, 내가 나를 들여다보는 거울로 삼고 있다. 어느덧 지천명 중반에 이르러 이렇게 생활할 수 있음이 행복하다.

무언 속에 자신의 내면을 살피고 가꿈이 행복이라고 누가 노래했듯이, 사람들은 자신들의 삶을 녹여 한편의 시를 쓴다고 한다. 그래서 나이 50대에는 하늘의 명을 받아서 삶속에 몰입하기 때문에 누구나 시인의 감정으로 산다고 한다. 이런 경지에 도달하고 싶은 것이 앞으로의 내 소망이다. 살아가면서 많은 것을 소유했다고 행복한 것은 아닌 것 같다. 때로는 버리고 떠나는 연습을 많이 해야 한다고 한다. 버리고 떠나지 않고서는 새롭게 모든 것을 시작할 수 없다. 묵은 가지에서 떠나지 않으면 그 가지에 새움이 트지 않는 것과 같다. 오늘 아침에도 팔당 길을 따라 한강물을 바라보며 산책하면서 흔적이 없이 버리는 자연은 때가 되면 다른 무엇을 얻어 그 모습을 가꾸어 가고 그 속에 은혜의 산물이 무성하게 성장하고 있음을 느낄 수 있었다.

우리 삶 속에서 누구나 바람 · 소망이 있지만 지나친 욕심은 원근친소를 초월하지 못해 원망과 불안의 씨앗이 되어 악연의 씨가 파종되는 경우가 우리 주변에 꽤 많다. 건전하고 소박한 서원은 우리의 삶을 아름답게 가꾸어 가는 첩경이다. 이곳에서 우리네 삶의 잔잔한 기쁨이 우러나온다. 투박하고 비록 서툴지만 손수 만든 도구나 기구를 사용하면서 그때마다 삶의 잔잔한 기쁨이 우러날 때 이것이 나의 진정한 행복이다.

오늘도 아침 산책길에 '내 마음을 읽는다는 것'은 우리 존재를 아름답게 가꾸는 에너지임을 생각해 보았다. 언제 어디에서나 내 마음을 알아차리고 읽는 것은 건강한 생각의 씨앗을 만들어 주고 그 생각 속에 날마다 새롭게 무슨 일이든 시작할 수 있는 것이다. 새로운 시작은 우리 삶에서 무료하고 따분하고 지루함을 털어버린다고 한다. 새로운 시작은 우리를 언제나 새롭고 신비롭고 영원하고 새로운 삶을 체험하게 만든다. 그 속에 나의 존재 이유를 생각하고 나를 인정하고 상대방의 은혜의 향기를 느낄 수 있을 때가 바로 행복이다. 언제나 한 권속에서 생활하다보면 상대방의 중요성을 모르는 경우가 많다. 물론 알면서도 감사의 진중함을 망각한 것처럼 잊고 살아가는 것이 우리네 삶이다. "있을 때 잘해" 하는 유행 가사처럼 오늘 따라 어버이날이라 새삼 부모님의 은혜를 생각하는 것이 뇌리에 가득하다. 검단산과 예봉산의 그 능선을 따라 그 봉우리에 부모님의 상이 그려지지만 걸어갈수록 가까이 있기보다는 걸음 따라 멀어지는 모습과 물소리 굽이쳐 흘러가는 소리에 한 말씀을 담아주실 것 같아 귀를 기우려 내 마음 몰입해보지만 환청으로만 들려온다. '아아! 부모님들께서는 자녀를 위해서 수없는 고생 속에 희생만 하시다 가셨는데 그 고마움과 감사함을 알고 실천할 무렵에 홀연히 떠나셔 그 보답을 다하지 못하는 부모 잃은 소자녀로서 그 마음을 어찌 할꼬?' 하는 생각 속에 발걸음이 무겁기만 하다.

부모님 은혜를 이제야 조금을 알고 실천해보고자 노력하건만 주위에 아니 계시니 때늦게 철이 든 소자녀 자신이 원망스럽기만 하다. 참으로 안타까운 삶이지만 대종사님께서 말씀하시기를 "무자력한 내 주위 어른님들에게 공양하고 베푸는 것도 부모님께 보은하는 길과 같다."고 하셨다. 이 말씀에 힘입어 오늘도 원불교 교도로 내 주위의 무자력한 어른님들을 봉양하리라 다짐의 서원을 해본다. "누구나 계실 때 잘 공경하고 봉양하여라." 하신 옛 어른님 말씀이 새삼 떠오른다. 오늘 아침에 한강수 흐름 속에 물살의 소리가 유난히 크게 들려 귀를 기우려 들어보니 그 소리가 나에게는 두 어머님께서 주시는 말씀으로 깨어 듣는 순간으로 받아들인다.

아침 식사 중에 내자에게 오늘 아침 산책길에 어머님께서 이런 말씀을 주셨다고 하면서 이야기를 늘어놓는다. 선곤이 할머님께서 말씀하시기를 "애비야, 애미한테 언제나 지극 정성으로 매사를 받아 주거라." 하셨고, 선곤이 외할머니께서 말씀하시기를 "김서방! 조금만 기다려봐. 선곤이 애미가 더더욱 자네에게 본인이 바라는 아내상을 심어주며 본인에게 온갖 정성과 사랑을 베풀어 줄 것이니 조금만 참고 기다려 봐." 하셨다고 하니 그 순간 얼굴 표정이 더더욱 밝아 오는 모습을 본다. '아아! 오늘 아침에 내가 산책을 잘 했고, 그 중계방송을 잘 했구나!' 하는 생각을 하면서 즐겁게 자녀들을 그려가면서 식사를 하는 시간이 되어서 고마웠던 순간이다.

어느 성인이 말씀하기를 "우리네 생각을 씨앗으로 묻으라." 하는 말씀이 하나의 생각을 자아내게 한다. 별밤을 가까이 하면 한낮에 상처받은 우리네 심성을 눈빛으로 다스려 줄 것이라 했듯이 우리는 일상의 틀에서 벗어나고 새롭게 내 삶을 시작하고 싶을 때 흐르는 시냇물 소리, 골짜기에서 불어오는 바람소리가 뼈 속까지 스며드는 마음이 되기 위해서는 버릴 것은 버리고 떠나가는 마음이 참으로 아름다울 것 같다는 생각이 된다. 어느 시인이 말하기를 "꽃이 필 때 함께 웃고, 꽃이 질 때 함께 우는 삶이 멋진 삶이고 파란고해를 벗어나 광대무량한 삶의 시작" 이라고…….

오늘도 부모님께서 낳아주시고 길러주시고 행복의 삶을 이끌어 주심에 감사하는 마음으로 부모님을 불러보면서, 감사할 뿐이다. (2010. 5. 8)

할머님의 향수

오늘은 전국적으로 아침 기운이 예년에 비해 7~8도 정도 떨어지는 차가운 날씨다. 아마 기상청 예보가 들어맞는 것 같다. 전방에는 영하권 안팎이 된다고 하니, '벌써부터 겨우살이 준비가 시작되는구나!' 하는 생각이 스치어 간다.

이때가 되면 하늘이 더욱 넓고 높으며, 말이 살찐다는 천고마비의 계절인지라 우리네 활동은 더욱 분주하게 움직인다. 더더욱 가을 속에 결실의 풍요로움을 느낀다. 내 고향은 이맘때가 되면 들판이 황금 물결의 바다다. 집안에는 질푸르던 대추와 감들이 하루하루가 다르게 황금빛으로 붉게 익어간다. 감이며 대추가 땅에 하나 둘씩 떨어지기를 바라보며 자라던 세월이 엊그제 같은데 많은 세월이 흘러 이따금씩 시골의 향수에 젖어들곤 한다.

이때가 되면 돌아가신 할머님 모습이 떠오른다. 나는 어린 소견에 햇과일을 하나라도 더 먹으려고 할머님 눈치를 살피면서 장대의 힘을 이용해서 꼬쟁이질을 하면, 할머님께서는 어느새 그 거동을 아시고, 뒷마당에 나오시면 이때부터 할머님과 나는 술래잡기가 시작된다. 장독대에 숨거나 짚단 뒤에 숨어 있다가 눈이라도 마주치면, "이놈아! 조상님께 먼저 차례를 올리고 먹어야 한다."고 하시며 걱정하시던 모습이 선연하게 그려진다. 아마 나는 어지간히 그 당시 철부지였나 보다. 할머님께서는 나의 어머님이 서울 둘째 아들집에 계시기에 어머님의 사랑까지 흠뻑 주시며 보살펴 주신 감사함을 지금도 잊을 수 없다. 아마 할머님께서 돌아가신 지가 5년째가 되어도 할머님 생각이 가시지 않는 것은 할머님의 사랑을 흠뻑 받았기 때문이다.

언젠가 할머님께서는 이런 말씀을 해주셨다. 너의 형수한테 눈치 안 보이려고 할머니가 나들이하실 때에는 반드시 데리고 다니셨다고 한다. "너는 어디를 가도 얌전하고 수줍어서 먹을 것도 받아먹지 못한 일이 많았다."고 한다. 이젠 너도 고등학교에 다니더니 많이 달라졌다고 하시며 좋아 하셨다. 이런 할머님의 은혜를 조금이나마 갚아드리기 위해 방학 때에 시골에 가면, 할머님 목욕시켜 드리려고 청하면 고맙다고 하시며 쾌히 승낙하시며 기분 좋게 여기시던 할머님께서 구성진 옛 생활의 추억들을 들려주시던 일들이 더더욱 나에게 좋은 교훈이 되었던 것 같다.

일찍이 아버님께서는 당신은 많은 고통을 받아도 상대방을 위해 양보하고, 도와주는 심성이 있어서 할머님께서 많은 역정을 내셨다고 하신다. 당신의 몫까지도 챙기지 않고, 상대방에게 양보하는 짓이 할머님께서는 아버님을 바보라고까지 하셨단다. 허나 오늘날 곰곰이 생각하면 아버님께서는 선공후사의 정신으로 사셨다고 생각한다. 물론 어머님께서는 아버님 생활태도 때문에 많은 고생을 하셨다고 한다. 나는 아버님의 이런 생활 모습을 존경하고 흠모하며 산다. 명절 때 시골에 내려가 으레 성묘를 가면, 할아버지 왼쪽에 위치한 할머님 무덤은 아주 정성스럽게 제초기로 작업이 되어 언제나 포근하고, 안온한 기분이 든다. 단장된 할머님 무덤은 나에게 언제나 무언의 말씀을 하시면서 손자에게 많은 기운을 주는 것 같다. 어른들의 무덤은 확트인 벌판을 향하여 있기에 언제 보아도 잔디가 살아 있고, 조상님들의 정기가 흘러 극락세계에서 가족 모임을 갖는 듯 생각이 든다.

내가 중학교 때에 심었던 나무들은 방학 때에 가보면 어느덧 큰 나무가 되어, 나의 생각을 더욱 감미롭게 하더니, 농작물의 피해가 있다고 하여 벌목을 하셨다고 한다. 다행히 아버님이 돌아가셨을 때에 화목으로 사용했다고 해서 자식으로서 아버님께 흡족하게 해드리지 못한 효를 조금이나마 베푼 것 같아 조금의 위안을 느껴 본다. 오늘도 시골을 향하여 할머님의 모습을 그리며 할머님과 무언의 대화나 하듯 구성진 할머님 말씀이 들려 오는 것 같다.

할머님께서는 기억력이 대단하셨다. 우리 마을의 기제일을 거의 다 알고 계셨다. 또한 그분에 대한 좋은 점들을 기억하시어 옛날에 그분은 이렇게 좋은 면이 있었는데 하며 그 당시 독서량이 적은 나에게 간접 경험을 통하여 나의 삶의 지혜를 밝혀주시었고, 삶의 체험을 심어주셨다. 내가 자라면서 하신 여러 말씀 중에 할머님께 심려를 끼쳐 불편한 심기를 가질 때라 생각된다. 으레 하시는 말씀 중에 "될성부른 나무는 떡잎 때부터 알아본다." 하시며 올바른 사람이 되라고 많은 말씀을 주셨기에 오늘날 교단에 서서 인농 직업을 가짐에 더더욱 할머님의 지극하신 말씀과 마음의 소산이 아닌가를 생각하며 할머님께 으레 감사하며 살아가고 있다.

할머님께서 열반하신 지가 꽤 흘러갔지만 어쩌다 꿈에 보이면 그날이 어쩌면 좋은지 아마 나는 할머님의 사랑을 많이 받으며 살아왔다고 생각이 든다. 조상님 산소에 가면 할머님의 묘에는 잔디풀이 부드럽고 진초록으로 단장되어 항상 할머님께서 나를 반기는 듯한 마음으로 할머님의 기운을 받아 오는 기분이다. 아무쪼록 우리 할머님의 마음이 우리 후손들에게 영원한 삶의 지표가 되도록 염원하며 큰소리로 "우리 할머님 사랑해요." 하며 목청 돋우어 불러 본다. (1998. 9. 5)

내 고향, 화로 같은 인정

내가 자란 마을 지명이 '칠목(七牧)'이라는 곳이다. 봄철이 오면 마을 어귀에 목단(牧丹) 일곱 송이가 곱고 화사하게 핀다고 하여 '칠목'이라는 이름을 지었다고 한다. 어린시절 집집마다 목단꽃이 만개한 마당을 바라보면 그 마당이 아름다움 그 자체였다. 지금도 그 아름다운 고향의 풍경이 생생하게 떠오른다.

우리 집은 마을 위쪽에 속했는데 대나무 숲이 무성하여 장관을 이루었다. 거기다가 아카시아 나무가 많아 신록이 우거지는 때에는 아카시아 향기가 진동한다. 대나무 숲에서 불어주는 바람 때문에 여름철에는 시원했고, 겨울철에는 차가운 바람을 막아주는 방풍림 역할을 하기에 자연의 덕을 많이 받는다. 또한 집이 높은 위치에 자리했기에 앞마당에서 바라보면 마을 앞 들판이 한 눈에 들어온다. 참으로 광활한 들판에 벼농사의 전경은 온화한 평화의 기운을 북돋아 준다. 마치 서구 영화에서나 볼 수 있듯 초원의 세계를 연상하듯 소박한 내 마음이 형성하는 바탕이 되었다. 내 나이 오십 중반에 접어들지만 온화하고 순진한 심성을 가질 수 있던 것도 내 고향의 자연적 조건의 영향이라 생각하니 참으로 감사할 뿐이다.

집 뒤의 야산 쪽에는 평온한 물벽의 저수지가 있다. 여름철에는 막역지우와 어울리어 물놀이를 했고, 겨울철에는 썰매를 타며 즐기고 물이 많이 빠진 가을철에는 고기잡이를 했던 모습들이 참으로 좋은 추억으로 남아있다. 참으로 내 동심의 세계를 꽃피우던 정경이다. 집안 앞뒤 마당에는 늙은 감나무가 몇 그루 있어 가을에 풍성하고 노랗게 익어가는 감을 바라보면서 눈 맞춤을 나누는 때를 그린다. 할머님의 눈을 속여가면서 서리가 내리기 전에 미리 따서 감 맛을 보는 개구쟁이 버릇 때문에 할머님의 꾸중 받던 시절이 새삼 그리워진다.

뒷마당 장독대에 오종종하게 자리 잡은 장독들이 평화롭게 즐기는 모습들이 아름답다. 형수님이 조리질하며 싸락싸락 쌀을 이는 소리가 참 듣기가 좋았고 밥솥에서 밥되는 냄새가 참으로 고향 맛을 더했다. 지금은 마을 가구 수가 그리 많지 않지만 고향에서 느낄 수 있는 것은 마치 고향은 따뜻한 장작불을 담아 놓은 화롯불처럼 온기가 서려있다. 화로 속에 고구마를 넣어 구워먹는 것이 일품이다. 뜨거운 고구마를 이리저리 껍질을 벗기어 호호 불어가며 고구마를 나누어 먹던 정감은 나의 뇌리에 추억으로 남아 있다. 화로 속에 마을의 애환을 다 태워버리 듯 근심, 걱정 사르르 녹아 버린다. 지금 보아도 이런 일은 참으로 신통하고 묘하기만 하다. 따라서 고향은 따스한 화로처럼 제일가는 심리를 치료하는 명의역할을 한다고 스스로 생각한다.

민속 명절인 설날은 무심한 돌에게도 칭찬하는 날이다. 라고 할 정도 칭찬과 격려를 통해 새해 희망과 용기를 가지게 하여 일년내내 열정과 의지로 모든 일을 꾸준하게 하도록 하는 새해의 동력엔진을 시동하는 날이다. 새로운 꿈을 기대하는 마음은 지극히 원대하기 때문이 기쁨과 즐거움이 온종일 가정마다 넘쳐난다. 하물며 서로 멀리 떨어져 안부조차도 모르고 지내다가 오랜만에 만났기에 서로 안부를 묻는 것은 당연하다. 세밑 전날부터 마을 공회당에 모여 넉넉한 농주 한 잔을 주고받으며 멀리서 객회생활을 하다가 잠시 고향집을 찾아온 친지, 친구들과 덕담을 나누는 것이 절정에 이른다. 또한 상호간에 격려와 칭찬을 하며, 그 동안 나누지 못한 정을 나누는 날이라 참으로 화로 같은 따뜻한 정이 모락모락 떡 방앗간에서 가래떡 뽑아내는 훈기처럼 달아오른다. 그래서 섣달 그믐날부터 마을은 온통 하나 되어 시골의 너그러운 마음이 구김살 없이 수놓아 참으로 마을의 액을 멀리하고 복만 가득할 뿐이다.

설날은 아이들이 신나는 날이다. 1년에 한번 정도 설빔을 받는 것이 거의 통례다. 우리 어린 시절에는 한 달 전부터 기대와 환희에 부풀어 올라 잠을 이루지 못하고 설레는 날이 많았다. 참으로 그 기분은 하늘을 뚫을 듯 들떠 있었다. 동네 아이들이 언제나 몰려다니며 놀았지만 이때에는 고향 아이들이 고목 가지에 내려앉아 무리 짓는 까치처럼 몰려다닌다. 마을의 공터에서는 하늘위로 연을 띄우고, 얼음판 위에서는 팽이놀이를 하곤 한다. 마치 이때가 되면 마을의 꽃 봉우리처럼 예쁜 모습이 여기저기 만들어 진다.

형제끼리, 이웃끼리 정성이 담긴 정갈한 음식을 나누어 먹으면서 하나 되는 마음은 더더욱 훈훈함을 느낀다. 명절마다 느끼던 이런 훈훈한 정이 식어가는 것 같아 아쉽고 우리 현대인들은 잊지 말았으면 좋겠다. 이런 추억을 그리면서 어느 철학자가 말씀하신 구절이 뇌리에 스치어 간다. "우리가 보는 방법을 안다면 그 때는 모든 것이 분명해질 것이다. 그리고 그 보는 일은 어떤 선생님도 필요하지 않다. 아무도 당신에게 어떻게 볼 것인가를 가르쳐 줄 필요가 없다. 당신이 그냥 보면 된다."는 말씀의 의미를 좀 알 것 같다. 나는 어린 시절 내 고향의 생활 속에 배어 있는 것을 있는 그대로 기억하고 향수를 느낀다. 허나 사회생활을 하면서 알게 모르게 굳어진 사고의 틀을 갖게 되었고, 그러다 보니 사물을 있는 그대로 보기 보다는 내 사고의 틀에 맞추는 경우가 많은 것 같다. 어린 시절처럼 꾸밈없이 순수한 마음으로 바라보는 것, 남을 의식하지 않고 자기 눈만으로 바라볼 때가 정말 어떤 대상을 정확하게 바라보고 파악할 것이다. 지금도 어떤 대상을 있는 그대로 정확하게 볼 줄 아는 내 눈만 나와 관계된 인연도 함께 열릴 것이라는 생각을 해보며 이 글을 마무리한다. (2008. 9. 20)

12월이 주는 의미

12월 초하루를 맞이하는 기분이 여느 때와 사뭇 다르다. 올해는 다사다난이라는 말이 꼭 들어맞는 한 해였다. 이제 저물어 가는 마지막 한 달의 달력만 외롭게 벽에 결려있는 것 같지만 다른 한 편으로는 새해를 맞이하는 기대감으로 그 자리가 무엇인가 가득 차있는 듯하다. 한 달밖에 남지 않았다고 전하는 것이 아니라, 한 달이나 남았지 하면서 그 메시지를 받는 기분이다. 물론 물리적인 시간이어서 31일의 시간이지만 '~밖에 안 남았다.', '~이나 남았다.' 하는 어감은 그 생각의 차이를 보여주고 있다. 우리는 언제나 조급증을 가지고 무언가 쫓기는 사람처럼 초조 속에서 중압감을 받는다. 우리말 속담에 '우물에 가서 숭늉 찾는다' 는 말이 있듯이 아직 기초공사도 마치지 않았는데, 완성된 건물을 기대하는 것은 성급한 욕심이다. 욕심을 부린다고 빨리 되는 것도 아니다. 그 상황에 어울리지 않을 때 수많은 갈등과 스트레스가 발생한다. 욕심을 버리고 자신의 상황에 맞게 언제나 최선을 다한다면 매사가 원만해지고 마음도 그만큼 편안해질 것이다. 내가 가진 힘을 최대한 발휘할 줄 알고 노력한다면 그것이 평상심이다. 그 평상심의 결집은 그만큼 나를 행복스럽게 만들어준다. 이런 마음으로 내 꿈과 목표를 향하여 정진한다면 참다운 나의 행복은 만들어진다.

최후의 달력 한 장이 남았을 때 지난 시간을 반성도 하고 잘 마무리하기 위해 12월 한 달 동안 새벽마다 참회기도를 하기로 마음먹고 정진할 것을 다짐해본다. 참회는 그 동안 나의 생활 속에 형성된 삶의 본체를 진심으로 거울에 비추어 보면서 뉘우쳐보는 것이다. 돌아보니 그동안 잘 한다고 했지만 나도 모르게 잘못했던 일들이 수없이 많이 스쳐간다. 이해하지 못하고 속 좁은 모습을 보였던 것, 화를 냄으로써 매사에 신중하지 못하고 발끈한 모습 등은 참으로 부끄러울 뿐이다. 한 달 간의 새벽기도를 통하여 금년에 지었던 어리석은 생활을 맑게 청산하고 새해에는 새로운 모습으로 출발하고 싶다.

나는 이 글을 쓰면서 내 생활의 한 면 한 면의 기억을 더듬어본다. 꼭 해야만 하는 일을 이루지 못한 적이 있다. 그 이유를 무엇인지 생각해보면 자명 하게 드러난다. 내 자신이 가야할 인생의 길을 가로막는 것, 그것이 바로 업장이다. 선각자는 '참회란 내 인생의 장애가 되고 있는 업장을 녹이는 길이다.' 라고 한다. 나의 삶은 한 순간 한 순간 실수나 잘못으로 인하여 내 자신의 인생이 굴절되어 가고 있음을 고백하고 있다. 나는 생각하고 생각한다. 내 무의식이든 의식이든 간에 가장 밑바닥에 남아있는 그 무거운 죄의식을 계속 가지고 다니고 있음을 실토한다. 내 인생의 기나긴 여행길에 그 무거운 짐을 계속 짊어지고 다닌다. 참으로 어리석음을 알면서 그 어리석음을 포장하면서 계속 짐을 무겁게 짊어지고 다니고 있으니 힘도 세지 하면서……. 스스로 위안 속에 자탄을 해보기도 한다. 참회는 무거운 짐을 버리고 가뿐한 마음으로 새로운 여행을 출발한다고 하는 데 왜 나는 여행하는데 무거움을 떨쳐버리지 못할까? 한 달 동안 무거운 짐을 내려놓는 서원을 한다.

나는 이따금 하얀 옷을 입고 다니면서 즐겁게 생활하다가 옷에 얼룩이 지면 가슴 아파하면서도, 순결한 내 마음에 얼룩이 지면 가슴 아픈 줄 몰라 하는 것이 참으로 어리석다. 그러나 내가 가슴 아파하는 그 이면의 사실이 여기에 있다. 내 옷에 진 얼룩은 남의 눈에 보이기 때문이고, 내 마음에 진 얼룩은 남에게 보이지 않기 때문이다. 참회는 내 인생의 얼룩을 없애는 길이다. 순결한 나의 마음을 회복하는 길이기에 내 영원한 솔메이트를 통한 나의 얼룩진 모습을 바로 보이면서 나의 얼룩을 지우면서 본래의 나로 돌아갈 수 있도록 간절히 서원한다. (2003. 12. 27)

취사를 잘하는 길

우리네 생활은 너와 내가 얽혀있는 네트워크식 삶을 산다. 조직 문화 속에서 조직의 속성을 바로 알고 이를 실천하는 사람은 언제나 자신의 자율적인 멋을 이룬다. 허나 그 경계가 수없이 와 닿기 때문에 그 경계를 지혜롭게 선택해가는 것은 쉽지 않다. 그 경계에 분별심과 주착심을 놓고 온전한 생각으로 그 경계의 알음알이를 알 수 있도록 하는 내 취사의 중요성을 깨닫는다. 그 순간 지혜로운 취사가 내 삶의 이미지를 향상시킨다. 그 일의 옳고 그름을 선별하여 타인에게 업연을 짓지 않고 나의 행복을 추구하는 길이 나를 사랑하는 유일한 길이다.

허나 그 경계에 와 닿을 때 나를 인정하고, 상대방을 감싸 안으며 감사하는 마음을 가지는 것이 넉넉한 마음이다. 감사하는 마음은 행복의 등불을 밝히는 원동력임을 항상 자각하면서 내 자신을 살펴가는 마음공부가 나의 삶에 나침반임을 유념하는 것이 취사를 잘 하는 방법이다. 현실에 있어서 원론적으로는 쉽지만 디테일한 면에서 앞뒤가 뒤섞여 있어 혼돈의 터널에서 헤맨다. 그래서 내 내공을 맑게 밝게 살펴가는 것이 마음공부인데 말로는 마음공부가 쉽지만 실제로 내 마음을 체 잡아 움직이는 것이 그리 쉬운 일은 아니니다.

중국 속담에 '장미를 바친 손에는 향기가 남아있다' 는 말이 있다. 상대방에게 좋은 관계를 유지할 때 자신에게 최선을 다 하고 있다고 한다. 허나 경계거리가 발생될 때에 상대방을 즐겁고 기쁘게 하는 것은 쉽지 않다. 더욱이 미워하는 상대방에게 착하게 대하는 것은 어려운 일이다.

그러나 미운 감정은 상대방의 마음에서 나오는 것이 아니다. 우리 자신의 마음에서 출발되는 감정이다. 또한 상대방을 기쁘게 하는 것도 우리 자신에게서 출발하는 감정이다. 미워하기로 선택한 것은 내 마음에 미움을 채우기로 작정한 것이다. 따라서 내 마음을 되돌아보며 그 경계의 해결하기 위한 올바른 취사를 바로 해야 할 것이다.

상대방을 사랑하고 기뻐하기로 선택했으면 내 마음은 그것을 위해 사랑과 기쁨을 채워야 한다. 즐겁고 행복한 삶을 살기를 원한다면 우리 안에 먼저 이런 착하고 아름다운 것들이 채워져 있어야 한다. 상대방을 기쁘게 하기 위해서는 이웃을 사랑하기 위해서는 내 마음 안에 거절할 수 없는 기쁨과 사랑을 가득 채울 때 그 열망이 이뤄진다. 일련의 사랑과 기쁨을 창출할 수 있는 것은 경계에 나를 인정하고 상대방을 포용하면서 언제나 감사한 마음으로 베풀어 간다는 나의 의지가 전제되어야 한다. 그런 전제하에서 경계를 풀어갈 수 있는 나를 만들어 간다. 이런 나는 오랜 세월 속에 나를 품어가는 감사 속에 그 경계에 나올 수 향기를 만들어 가는 노력이 필요하다. (2008. 9. 29)

아름다운 삶의 멋

하루의 생활 속에 사람과 경계거리를 만나는 것은 수없이 많다. 빈번한 접촉을 할 때에 생각의 차이로 빚어진 대립과 갈등 속에 마음의 요란함이 요동치는 경우가 허다하다. 허나 이런 현상은 우리가 그 만큼 열심히 활동한다는 것이다.

그 경계 속에 내 마음이 작용함에 따라 복도 지을 수 있고, 죄도 지을 수도 있다. 바로 자신의 심신작용에 따라 은혜에서 헤를 만들어 내는 '해생어은' 도 있고, 해에서 은혜를 만들어 내는 '은생어해' 도 있다. 참으로 내 육신과 마음의 움직임에 따라 천차만별의 복과 죄를 만들어 내는 것이다. 자신이 한 마음을 선하면 모든 것이 화목하고 감사하지만, 한 마음이 어질지 못하면 모든 것이 무겁고 짜증스러워 보인다. 특히 내 마음 속에 용서해야 할 일이 있는데 어질지 못하면 나의 화근이 크게 일어나면서 병의 근원이 되기도 하고 종례에는 돌아올 수 없는 길을 건너가기도 한다.

그래서 성인들은 말씀하기를 "용서는 나를 위하는 것" 이라고 하다. 참으로 내 자신이 상대방으로 하여금 자존심과 정체성을 흔들어 놓는 일이 발생된다면 상대방에 대한 분노와 원망심이 바닥과 천장이 없을 정도로 극에 달한다. 그러나 이런 마음으로 내 마음을 평온하게 하기는 불가능하다. 내 마음의 요란함을 잠재우는 길이 내 마음을 놓아버리고 상을 그리지 않아야 한다. 흔히 상대방이 나에게 심한 상처를 주어서 상대방에 대한 미운 감정과 복수심은 상대방보다 자신에게 가장 큰 상처를 준다고 한다. 용서하지 않는 마음으로 미움의 대상에게 묶임을 당하면 자유를 잃어버린다. 상대방이 어떤 태도를 갖든 용서하는 자신에게 자유는 물론 품고 있던 미움과 복수심 같은 독을 제거한다.

용서하는 사람은 자신의 건강에 이로울 뿐만 아니라 삶에 용기와 힘을 소요하게 되어 모든 일에 창의적인 활기를 가지게 된다. 이 순간 수많 설렘과 희망이 샘솟는 신호탄 소리가 들려온다. 용서하지 않겠다는 마음으로 속내를 끓이지 말고, 상대방에게 메임을 털어버려야 한다. 용서로 인해 모든 것에서 자유화하는 기적을 맛보아야 한다.

용서는 빠를수록 좋다. 내 마음을 돌릴 줄 아는 어진 마음을 가지위해 하늘을 바라보면서 나의 좁은 마음을 한탄해본다. 허나 이런 내 마음도 없애야 한다. 녹녹한 가을 하늘을 바라보면서 내 마음을 그 무한대한 높은 하늘에 붓 칠을 하면서 나의 좁고 어두운 마음을 묻어버리는 용단과 슬기를 가져야 하겠다는 다짐을 해본다. (2008. 10. 10)

목탁 소리

우리 집은 불자 가정이라 사찰의 행사에 구애됨이 없이 사찰에 자주 다닌다. 어머님께서는 특별하신 불심이 있으시어 더더욱 사찰에 가셔 부처님께 우리 가족의 서원을 올리고, 간절한 불공을 드린 것이 당신의 생활이시다. 어머님께서는 80중반의 노구를 이끌고, 살을 에는 듯한 차가운 날씨에도 불구하고 성북구 우이동에 위치한 도선사에 이른 새벽 4시에 출발하신다. 새벽 예불을 올리시고, 엄동설한에도 석불전에 올라 가셔서, 손발이 시려 엄두도 내지 못하는 차가움 속에서도 당신의 서원을 간절히 올리신다. 열악한 신체적 조건 속에서도 1천 배를 올리시는 모습에 감탄할 수밖에 없다. '신앙의 믿음이 이렇구나!' 하는 마음을 가지게 된다. 오늘의 내가 신앙의 신심을 가지게 된 것도 어머님의 덕분이라 생각한다. 어머님의 서원은 당신의 극락왕생을 염원하기보다는 자식들의 행복과 건강을 염원하시면서 40

여 년간을 한결같은 마음으로 지극 정성을 올리고 있으니, 자손들이 어머님을 통하여 무아봉공의 진리를 배우면서 살아가고 있다.

새벽 불공 때에 스님의 염불 속에 운을 맞추어 들려오는 것이 목탁소리다. 어찌나 목탁소리가 좋은지 새벽의 정기를 가르고, 들려오는 소리는 마치 삶의 생동감을 느끼게 하는 부처님의 법문말씀처럼 들려오곤 한다. 어느 사찰이나 대웅전 뒷부분 중앙에 부처님이 모셔져 있고, 그 밑에 목탁이 놓여 있다. 목탁의 모양은 거의 비슷하나 그 크기는 천차만별하다. 이 목탁 속에서 울리어 나오는 소리가 신기하기만 하다. 천지를 울리고 감동시키는 기분이다. 스님의 독경소리가 목탁으로 운을 맞추어 은은하게 들려오는 소리는 마치 중생들이 살고 있는 세속을 청정하게 씻어주는 청정수와도 같은 기분이 든다.

리듬 따라 움직이는 멜로디처럼 항상 들어도 새롭게 들리는 그 은은한 목탁 소리는 언제나 그 소리에 귀를 기울이고, 내 마음의 요란함과 어리석음과 그른 마음을 한 시도 간직하기 싫어 뿔뿔이 내던져 보고 싶은 마음이 앞서기에 목탁소리가 항상 그리워진다.

나는 원불교 교도이기에 의식행사 때에 으레 목탁을 사용하고 있다. 조그마한 목탁이지만 거기에서 울려나오는 소리는 내 마음을 언제나 평온하고 훈훈하게 만들어 주고, 흐트러진 내 마음을 바로 잡아주는 소리이기에 언제나 좋아한다. 흔히 목탁은 사회의 소금으로 비유된다. 이는 잘못된 우리 사회를 바로 잡아주는 민중의 방망이다.

우리 인체를 유지하는데 소금의 역할이 크다. 염기가 없으면 우리의 몸이 수축되어 제대로 활동하는데 많은 제한을 받는다. 이와 마찬가지로 목탁은 원근친소를 떠나서 우리 주변에 잘못된 일이 있으면 시비를 판단하여 착한 일은 살기로서 하고, 그릇된 일은 죽기로서 저버리도록 우리 마음을 곧고 바르고 올바른 취사작용을 하도록 인도하는 구실을 하는 것이 목탁이다.

현재 우리 사회가 너무 어둡고 무질서하며 수단과 방법을 가리지 않고, 생각 없이 즉흥적으로 행동하는 경우가 비일비재하다. 이런 사회를 바로 잡아주고 밝은 분위기로 인도하는 지름길은 너나없이 목탁에 귀를 기우려 육근작용을 올바로 사용하는 자세가 절대로 필요하다. 안이비설신의 육근작용이 원만하게 순리에 따라 움직인다면 우리의 사회는 복 받는 낙원사회가 될 것이다. 낙원사회는 언제나 목탁소리를 즐겨 들을 수 있다. 꼭 산 속의 사찰에서 뿐만 아니라 곳곳에서 때때로 들으며 내 자신을 염불하는 분위기에서 가일층 목탁소리는 낙원의 메아리 소리로 우리의 귓가에 들려올 것이다.

사있는 마음을 털털 털어 버리고, 훈훈한 마음으로 생활하는 데에는 언제나 내 곁에 목탁을 두고, 목탁소리 따라 움직이는 내 자신을 바라보는 순간, 행복한 순간임을 발견한다. 요즈음 서양 음악이 우리네 정서를 지배하고 있다고 하지만 사찰가에서 들려오는 목탁소리는 현대적 정서를 물신 풍기게 하는 원동력이 된다. (2004. 9. 17)

만남의 의미(意味)

우리 생활 속에 수많은 인연들이 모였다가 헤어진다. 그 순간의 아쉬움과 허전함과 야속함이 교차되면서 우리네 마음을 지배하는 경우가 많다. 만남은 이별을 예고나 하듯 '회자정리' 란 말이 있다. 만남은 우리를 즐겁고 행복의 향기를 뿜어줄 것을 기대하면서 밝은 미소를 지으며 축하한다.

이렇듯 우리는 삶의 수레바퀴 속에 만나고 헤어지고 또 다시 만난다. 허나 만남 속에 이별이 항상 도사리고 있기에 마음 한 구석에는 기쁨 속에 다소 쓸쓸함도 배어있다. 서로 만남 속에서 "행복의 삶을 위해 베풀고 살아야 한다." 고 한다. 베풀고 산다는 것이 어디 그리 쉬운 것인가? '베품' 에 시작은 있어도 그 끝이 없기에 언제나 노력할 수 밖에 없다.

그런데 마음은 미묘하기 때문에 중생은 열 번 잘 베풀어 주다가도 한 번의 무성의한 베풀어짐이 있다고 함은 상대방을 원망하고 생전 보지 않을 듯이 대하는 경우가 허다하니 참으로 베풀고 산다는 것이 어렵다. 허나 성인은 열 번 잘못 대하더라도 한 번 잘해 주면 영원히 감사하게 생각하고 그 은혜를 각인하여 살아간다고 하니 참으로 중생과 성인의 삶이 현격함을 알 수 있다. 나도 예외가 아니다. 경계가 왔을 때 내 본심의 자리를 잊어버리고 오로지 내 잣대로 판단하여 감사와 원망이 교차되고 있으니 참으로 사람됨이 아직도 멀다함을 느낀다.

생활 속에 사람마다 꿈이 있고, 개성이 있고, 자유가 있다. 함께 생활하면서 감동스런 일도 있지만 때로는 불편하고 섭섭했던 일도 많다. 허나 이런 생활 속에서 상호간 이해하고자 하는 시간과 노력 속에 사랑하고 온갖 정성을 다 한다면 모든 것은 감사의 산물이다. 새 일터에서 새롭게 새 출발이 되기를 염원하면서 언제나 긍정적이고 감사하는 그 한 마음이 나를 지배하도록 노력할 때 만남의 기쁨은 극에 달한다.

보통 사람의 만남은 으레 그냥 스쳐가거나 겉 치레 인사 정도 나눈다. 인사를 나누어도 자기 말을 앞세워 상대방의 말에 귀담아 들어보려는 노력이 없이 일방통행하는 경우가 대부분이다. 허나 상대방의 말을 끝까지 들어주고, 다음에 자기 말을 부담 없이 친밀하게 하는 습관이 있다면 그 사람은 상대방으로 하여금 사랑과 신뢰를 받는다.

생활 속에 사랑과 신뢰도 본인이 스스로 만들어 간다. 우리 속담에 '콩 심은 곳에 콩이 나고, 팥 심은 곳에 팥이 난다' 고 하듯이 겸손한 마음으로 경계를 당할 때마다 정성스럽게 노력한다면 그 행복과 즐거움은 최고의 행복이다. 만남 속에서 사람답게 살아가고 하는 것은 인지상정이다. 언제나 마음이 동하여 막힘이 없이 자연스럽게 그 상황을 해결해 간다면 참으로 행복은 온다. 언제나 '내 마음의 상태를 바꾸어 가려고 노력하고, 아울러 상대방의 마음상태를 바꾸어 가려고 한다면 바로 부처의 삶을 살아가는 근간이 될 수 있지 않을까?' 생각하면서 상호간 서로 만남의 의미를 잘 가꾸면 그 결과로 우리는 환영받는 사람이 될 것이다.

버리는 지혜(智慧)가 좋아!

'봄, 여름, 가을, 겨울 사계절이 지나면서 그 때를 만날 수 있을까?' 하는 생각 속에 영원히 간직하고 싶은 마음이 내 가슴에 꽉 메울 때가 있다. 영원히 간직하고자 하는 마음이 극에 오르지만 이미 늦은 감이 있어 서글픔이 감도는 것은 어리석음을 멀리 하지 못한 아쉬움이 뇌리를 스쳐간다. 흔히 우리네 삶이 영원하지 않다는 것을 안다면 그 무엇을 사랑하지 못하는 것이 없을 것이다. 그 순간 영원하지 못함을 망각하는 어리석음이 가엾기만 하다. 보고 싶어서 말없는 손짓 발짓을 다해 봐도 아니 목이 쉬도록 불러 봐도 들을 수도, 볼 수 없는 것을 알면서도 울부짖는 것은 한 순간 볼 수 있다는 착각 속에 확신하는 내 마음을 잊지 못하기 때문이다. 그나마 한 가닥의 희망을 걸고, 마치 이 가을빛이 서산에 지고 있지만 그 노을빛 아래에서 굽어보면서 내가 좋아하는 그대의 아름다움을 여러 색깔로 화폭에 담아본다.

보고 싶어 하는 그 마음이 나를 지탱하지만 괴롭고 즐겁고 하는 수많은 상념들이 되풀이 되면서 새삼 꿈속의 세계를 시각화하고 노력하는 내 자신이 아름답기만 하다. 내 마음 속에 영원한 것과 일시적 것을 구분하여 내 생각을 지배하고자 하는 이분법이 있기에 선택의 노예가 되어 스스로 괴로워하고 고독하다. 이런 경계에 올 때마다 내 마음의 무게 중심을 잡아 전진하는 내 마음관리가 중요하다.

어느 사찰에서 한 스승이 두 제자들을 마루에서 공부시키고 있는데 마당 한 어귀에 장대의 깃발이 휘날리고 있었다. 그 순간 스승은 두 제자들에게 깃발이 휘날리는 것을 바라보면서 다음과 같은 질문을 한다. "얘들아! 저 깃발이 흔들리고 있는데 바람이 흔들리는 것인가? 아니면 깃발이 흔들리는 것인가?" 하면서 두 제자에게 질문을 했더니, 그 제자들은 열심히 질문에 대답을 했다. 한 제자는 깃발이 흔들리는 것이라고 대답을 하고, 다른 한 제자는 바람이 흔들리는 것이라고 대답을 열심히 했다. 그 스승이 질문의 진수에 가깝게 접근하지 못함을 아쉬워하면서 스승님께서 말씀하시기를 "둘 다 모두 열심히 대답을 했지만, 옳은 대답에 접근하지 못했구나!" 하면서 이는 너희들의 마음이 흔들리기 때문에 그렇게 보이는 것이라 하시면서 빙그레 미소를 지으셨다고 한다. 요는 선택의 기준을 은혜에 감사하고 보은하는 그 한 마음에서 흔들림이 없이 견고하게 자리 잡고, 자신의 마음에 영원히 모든 것을 간직하고자 하는 어리석은 마음을 과감하고 지혜롭게 버릴 줄 아는 나를 가꾸어 갈 수 있는 토양을 이루도록 기도하는 자가 되자. (2004. 10. 23)

땅속과 맺어진 뿌리의 인연이 참으로 생존감에 비례됨을 깨치는 순간이다.
그 많은 세월 속에 갖은 풍상을 다 겪고
그 자리를 지켜왔던 아름드리 소나무가 이렇게 허무하게 넘어지고
아픔의 고통을 토로하는 모습이 안타깝다.
어찌 이 아픔을 나만이 아니니 여러 수목과 함께 나눔이 묵언 속에 역역해 보인다.

꿈의 날개를 펴며

가을에 부치면서

우리는 눈을 떠서 눈을 감을 때까지 수없는 생활 경계 속에 감사와 원망이 기로에서 갈등을 겪는다. 어느 것을 선택하느냐에 따라 행복과 불행이 교차되기 때문에 더더욱 갈등으로 요란할 뿐이다. 특히 가을철이 되어 들길이나 산길을 걷다보면 무슨 생각을 하고 걸어갈까? 뇌리에 스치어 간다. 반드시 누군가를 만나기 위함이 아니지만 그 내면에는 평소에 생각한 집착들이 무지개처럼 그려지고 헤아릴 수 없는 속도로 스치어 지나간다. 참으로 번잡할 뿐이다.

우리네 마음은 생각을 어떻게 가지느냐에 따라 긍정과 부정으로 교차된다. 밝은 마음이 작용하면 행복의 결과가 나오고, 어두운 마음이 작용하면 불행의 결과가 온다. 참으로 한 생각의 씨앗이 마음

작용에 따라 죄복과 행불행이 좌우된다. 그래서 내 마음이 참 마음을 가져야 한다는 서원이 더욱 간절하다.

오늘은 토요일 오후인지라 예봉산을 오른다. 수많은 산객들이 끼리끼리 무리지어 나름의 정담을 나누며 오르는 모습이 참으로 아름답고 정겨워 보인다. 나는 오늘 따라 혼자 산행을 하면서 모든 것을 내려놓고 정상에 오른다. 오래전부터 팔당 쪽에 가는 것이 나에게는 다소 무리가 되어 다른 코스를 택해 오르곤 한다. 도곡리는 내 삶의 둥지에서 근거리이고 완만한 등산로이기에 도곡리 쪽에서 올라가는 횟수가 많았다.

오늘은 팔당 쪽에서 한강수를 등에 업고 수없는 상념을 물속에 던지며 오른다. 참으로 그 기분은 상쾌하고 고요하다. 오르는 순간순간에 온몸에 베어 흐르는 땀방울이 이마에 맺힌 모습은 마치 주저리 주저리 영글어간 포도송이 같다. 땀방울을 닦아가면서 긴 호흡을 하지만 숨이 차오른다. 참으로 예전 같지 않음을 느끼면서도 오를 수 있다는 열정과 의연함이 나를 재촉한다. 오를 때 나는 몇 번에 걸쳐 내 자신을 그려본다. 비록 걸음의 힘이 다소 떨어지지만 때가 때인지라 다소 체력의 한계를 느낀다. 허나 '내 마음이 이에 질 수 있을까?' 하면서 나를 스스로 위로하고 분발하는 마음이 더욱 솟구쳐 오른다.

참으로 오늘의 나를 있게 한 진리와 천지은혜 · 부모은혜 · 동포은혜 · 법률은혜의 4은님의 은혜에 감사를 올린다. 흔히 생활 속에 와 닿은 구름 같은 경계거리가 다가오지만 이를 느긋한 마음으로 처리하고, 내 마음을 순간순간 바라보는 시간이 참으로 마음공부를 하는 나로서는 행복함을 느낀다.

특히 산을 오르면서 나의 짐이 되는 것은 버릴 것은 버리고, 보낼 것은 보내면서도 그래도 남는 것이 짐이 된다. 비록 숨이 차지만 모든 마음을 비워보겠다는 그 한마음이 나를 다소 자유스럽게 한다. 아마 산에 오르며 물소리를 듣고 하늘 아래에 비좁은 등산로 거닐면서 자신을 반조하는 사람은 얼마나 행복할꼬? 하면서 부러움을 가지지만 나만의 혼자 산행도 행복 그 자체다. 거닐면서 와 닿는 초가을 정취를 느낀 내 마음은 바로 산인처럼 그 분위기에 젖는다.

한 땀 한 땀을 닦아내면서 몰아쉬는 숨을 챙기고 모든 만남은 인연임을 일깨워준다. 오르는 등산로에 여기저기 서있는 수많은 수목들의 자태는 지난 추석 전에 내린 집중 폭우로 많은 수난을 겪었지만 상처를 다 잊은 듯 그 아픔을 아우르며 산객들을 반기는 모습에 자연의 위력이 이렇게 위대하고나 하는 생각에 든다. 뿌리 채 뽑혀진 소나무를 바라보는 순간, '아아! 그 뿌리의 깊이가 그 얼마나 중요한가!' 하는 생각이 든다.

땅속과 맺어진 뿌리의 인연이 참으로 생존감에 비례됨을 깨치는 순간이다. 그 많은 세월 속에 갖은 풍상을 다 겪고 그 자리를 지켜왔던 아름드리 소나무가 이렇게 허무하게 넘어지고 아픔의 고통을 토로하는 모습이 안타깝다. 어찌 이 아픔을 나만이 아니 여러 수목과 함께 나눔이 묵언 속에 역역해 보인다.

산자락 중턱에 걸터앉아 한강수 한 눈에 굽어보는 정경이 한 폭의 풍경화다. 수많은 수목들이 폭우가 몰고 온 대란 속에서도 흔적도 없다는 듯이 깔끔하게 단정되어 산객들을 맞이하는 모습이 의연해 보인다. 어느 누구가 노래했듯 모든 만남에는 인연이 있다고 한다. 큰 뜻을 품은 사람일수록 돕는 사람이 없이는 뜻을 이루지 못한다고 한다. 어디 유아독존이 있을까? 반문한다. 아마 모든 관계는 자리이타의 힘에 의해서 진급된다는 순간, 인연 복이 우리네 삶의 행복이다. 상호간에 나도 좋고 상대방도 좋은 승승의 삶이 행복의 초석이라 했듯 주위 인연에 감사하는 그 마음이 행복의 근원임을 알게 된다.

지금 순간 마주하고 있는 인연이 비록 능력이 없고 하찮게 보일지라도 그 인연에게 하늘의 뜻이 있음을 믿고 품어주는 내 자신의 마인드가 그 얼마나 위기 상황에서 중요한가를 정상의 능선위에 넘어진 소나무를 보면서 인연의 상존함을 깨닫게 된다. 뜻을 품은 사람은 먼저 인연을 귀하게 여길 줄 알고, 내 자신을 만들어 가야함을 일깨워 준다. 그들 가운데는 어떤 인연이 곤경에 처한 나를 진심으로 도울지도 모른다는 것을 깨닫고 하늘과 같은 마음을 가져본다는 것이 나의 행복의 원천임을 넘어진 소나무가 넌지시 메시지를 준다.

나는 다짐한다. 만나는 모든 인연들에게 작은 도움을 주고 그들에게 필요한 사람이 되고자 노력할 뿐이다. 무에서 유를 창조할 수 있는 힘은 바로 도움을 주고받는 그 인연에서 나온다는 성자의 말씀을 유념해 생활할 수 있는 나를 만들어 가야함을 비로소 깨닫는 순간이 행복이다. 능선 따라 여기저기 흩어진 수목들이 가을 정취를 내뿜는 모습이 자연의 위력이구나 하는 생각이 뇌리를 떠나지 않는다.

맑은 하늘을 보고 진실을 생각하면서 더 투명해지고 싶어지는 때도 가을이다. 가을이 되니 이렇게 생각이 깊어지고 영글어진다. 나는 그 생각의 틈새에서 마음이 깨어나 집착됨이 없고, 구속됨이 없는 사랑이 깊어진다. 가을이 아름다운 이유가 바로 여기에 있나보다.

오늘도 능선 아래 주저앉아 잠시 입정에 들어간다. 우리가 살고 있는 지구는 참으로 아름다운 경이로움이다. 한 순간 한 순간이 진리의 호렴 속에 모든 생명체는 삶의 둥지를 틀고 삶의 행복을 나투고 있으니 참으로 신묘하고 행복할 뿐이다. 이런 자연의 위력 속에 내 자신의 본래 모습을 그려본다. 나의 경계 이전에는 참으로 요란함도 어리석음도 그름도 없어서 참으로 공변된 그 마음이었는데 '어찌해서 내 마음이 이렇게 갑판 위에 떠놓은 물처럼 흔들리고 있을까?' 하면서 나를 본다. 그렇다. 내 고정관념의 주착심이 나를 흔들고 있다.

그래서 나는 지금 현실의 경계에 자동적으로 반응하면서 스스로 내 자신이 선택하는 기능을 잃어버리는 경우가 많다. 내가 교사로 생활하면서 학생들과 선연이 맺어진 경우는 문제가 없다. 허나 악연으로 맺어진 경우에는 내 뇌리 속에 쌓인 잔재의 고정관념이 내 마음을 흔들어 나를 요란하게 한 경우가 많다.

마음은 감정으로 표현한다고 한다. 감정은 생각이 원인이 되어 나타나는 작용이다. 감정은 생각을 실현하는 강력한 에너지를 지니고 있다. 학생과 만남에서 학생에 대한 어둡고 부정적인 생각을 하면 나는 분명히 불안과 요란함이 일어난다. 그 경우에는 반드시 화를 내고 속상해한다. 어느 때는 분노를 터트리기도 한다. 결국 감정은 내 내면에 어떤 생각을 가지고 있는가를 알려주는 고마운 신호등이다.

오늘 산자락에서 내 생각을 정리하면서 나를 발견하고 풍요로운 삶을 살아가려면 감정을 억제하고 없애려고 할 것이 아니라 온전히 느끼고 잘 표현할 줄 아는 지혜가 필요함을 느낀다. 그렇다. 매일 같이 하는 무시선을 통해 나를 발견하고 나의 의지를 바로 세워서 마음을 자유로 할 수 있는 용심법을 열심히 공부하는 밖에 없음을 깨닫는다.

온전히 느낄 수 있는 감정을 나는 매사에 주위 환경이나 여건을 탓하며 원망과 불만과 불평이 많아 스스로 화를 내는 기운이 종종 솟아오른다. 그렇다. 현실의 경계 속에서 집착된 내 마음을 깨어날 때에 비로소 내 참 마음이 구속됨이 없이 자유로운 마음의 부처가 되는 것이다. 이를 찾기 위해서 우리 삶에서 천만경계에 항상 자리이타로 모든 것을 선용하는 마음의 조종사가 되라고 하신 대종사님의 말씀을 유념한다.

내 마음속에 채색되는 여러 마음들을 풀벌레 소리 들어가면서 소소영영에 대한 감사함을 간직하고 초가을의 정취 속에 서둘러 하산한다. 계곡에서는 흘러내리는 물소리를 들어가면서 물이 본래 고향으로 가는 모습이 선연하게 보이듯 나도 내 본래 마음으로 돌아가면서 발걸음이 다소 가벼움을 느낀다.

그렇다. '이 순간에 물소리 없는 계곡이 어디에 있을까? 뿌리 없는 나무 가지에서 어찌 한 잎 한 잎이 돋아날꼬? 음양이 없이 한 조각이 땅이 존재할꼬?' 하면서 그 근원 자리가 얼마나 중요한가 하는 생각을 소나무와 계곡과 음양이 한 가르침을 전한다. 오늘도 억새밭 길을 거닐면서 초가을의 정취를 온몸에 느낀다. (2010. 9. 25)

걷기 운동의 매력

요즈음 사람들이 오래 달리기를 많이 한다. 보통 운동은 같이 해야 하는 경우가 많다. 허나 달리기는 나 혼자 하는 싱글 운동이다. 따라서 상대방을 의식할 필요가 없다. 내가 운동할 수 있는 조건만 갖추면 된다. 운동 공간도 제한을 받지 않는다. 인적이 드문 오솔길이나 둑길이나, 학교 운동장을 이용하는 것이 제격이다. 달리기는 유산소 운동으로 제일 좋다고 의사들이 권장하고 있다. 그러기에 나는 오래 달리기를 취미 삼아 생활화하고 있다. 참으로 나는 달리기 운동을 좋아한다.

오래 달리기는 심폐 활량의 수치가 높을수록 호조건이다. 나는 그 수치가 높지는 않지만 지구력이 조금은 있는 편이라 오래 달리기를 꽤 잘한다. 군 입대를 나이가 들어 했다. 다른 병사들보다 다섯 살 정도 위였지만 젊은 병사들과 병영생활 중에 완전군장을 하고 구보를 해도 선두그룹에서 빠지지 않았다. 지금 생각해보면 너무나 다행스럽고, 내 스스로에게 감사할 뿐이었다. 구보 중 옆의 전우가 힘이 들어 뛸 수 없을 때에는 M16소총을 들어준다거나 철모를 들어주면서 병영생활의 전우애를 발휘하기도 하였다. 그 결과 내가 어려움에 처했을 때, 다른 병사들의 도움을 받기도 했다. 나는 그때 '내가 지은 은혜를 내가 이렇게 받는 것이구나!' 하는 지은보은의 진리를 배우게 됐다.

교직에 몸담아 생활하면서 여러 사람들과 함께 하는 오래 달리기를 많이 했다. 오래 달리기는 더도 덜도 없이 내 체력을 안배하여 꾸준하게 나를 관리하기에 완주를 하면, 쾌감을 느낄 수 있다. 또한 어려움이 많지만 이겨내는 심신의 조화가 내 체력을 유지해준다. 나는 달리는 중간 중간에 그 목표의 성취감을 그린다. 그러면, 확고한 자신감과 열정이 나를 지배한다. 그 지배 속에 나는 작고 소박한 성취감을 느낄 수 있다. 그 때마다 느끼는 것은 나의 관리가 매우 중요하다는 것이다. 오늘도 나는 나의 이미지를 만들기 위해 어떤 관리를 하고 있는 것인가 자문하면서 내 스스로를 채찍질 해본다.

흔히 우리의 삶을 마라톤에 비유한다. 마라톤 코스에 오르막길과 내리막길이 있듯이 우리의 삶도 이와 유사하기 때문이다. 삶에 목표가 있기에 힘든 레이스를 달리면서도 포기하지 않고, 그 목표지점을 향하여 줄곧 달린다. 마라톤 경기는 누구에게도 도중에 대신 뛰게 할 수 없다. 우리의 삶을 대신 누가 살아 줄 수 없는 것처럼 말이다. 오직 내 삶의 존재가치를 내가 인지하고 내 자신을 스스로 가꾸어가는 것이다. 오래달리기를 하면 누구나 고통이 있기에 인생을 배우게 되고 나의 일들을 마무리하는 방법도 알게 된다.

내가 1년 전 심근경색으로 병원 신세를 진 적이 있어 달리기보다는 줄곧 걷기 운동을 한다. 처음에는 양이 차지 않아 답답하고 어색했다. 허나 지금에 와서는 그 걷기운동도 감사할 뿐이다. 물론 움직이는 것 자체가 다 좋지만 걷는 것보다 뛰는 것이 훨씬 재미있는 것이 사실이다. 그러나 나의 체력관리를 위해 이렇게 걸을 수 있다는 것만으로도 얼마나 감사한가. 한 습관을 바꾸는 것이 쉽지 않지만 마음 한 번 돌려 먹으면 오랜 습관도 벗을 수 있는 것이다.

걷기운동을 하면서 내 자신을 수없이 들여다본다. 내 마음은 원래 텅 빈 자리인데 그 속에 '나' 라는 상이 있어 욕심을 가지기에 상대방을 잊어버린다. 흔히 나만의 잣대로 움직이기에 나의 위치를 잃어버린다. 그 결과 느긋하게 생각하기보다는 촉급하게 생각하는 버릇 때문에, 매사에 막힘의 벽을 넘지 못하는 경우가 나에게 허다했다. 그러나 걷기운동을 하면서 하나하나 느긋하게 생각하는 습관을 유념공부로 생활화하도록 간절히 서원했다. 그래서 나는 걷기운동을 하며 촉급한 생각을 제어하고, 주변의 상황에 경청하는 태도를 가지는 습관을 길들이게 되었다. 오늘도 걷기운동하는 시간을 기다린다. (2005. 9. 6)

꿈의 날개를 펴며

우리네 삶에는 으레 꿈이 있다. 그 꿈은 우리 미래를 밝고 훈훈하게 만들어 주기 때문에 누구나 동경한다. 꿈은 시간에 따라 생활 속에 실천해 간다면 그 목표가 확실하게 드러난다. 목표를 향하여 열심히 간다면 성취감을 만끽할 수 있다. 이 성취감은 행복의 초석이 된다.

따라서 일상생활에서 꿈은 자신의 행복을 가꾸어 가는 날개다. 우리 주위에 노래를 잘 하는 가수가 있다면 그 팬이 되어 열심히 흉내고 멘토처럼 받들어 모신다. 그러나 나는 노래를 잘 부르는 가수보다는 노래를 잘 할 수 있다는 꿈을 가진 사람이 더 아름답다고 생각한다. 학생들도 공부를 잘 하는 친구보다는 공부를 잘 할 수 있다는 꿈을 가진 학생이 더욱 아름답고 나를 변화시킬 수 있다는 사실을 인식해야 하는데 그것을 알지 못하니 안타까울 뿐이다. 꿈은 무한 가능한 에너지를 분출하는 용암과 같다. 용암 같은 내 마음에 따라 꿈이 아름다운 정도가 좌우된다.

꿈이 있는 사람은 아름답다. 꿈은 사람의 평범한 생각들을 위로 끌어올려주는 날개다. 우리의 비극은 꿈을 실현하지 못한 것에 있는 것이 아니라 실현하고자 하는 꿈이 없기 때문이다. 그 만큼 꿈은 나의 자존감을 극대화하고 그 목표를 향하여 실현할 수 있는 원동력의 날개다. 생활 속에 절망 · 고독 · 상처가 자신을 에워쌀지라도 원대한 꿈을 포기하지 않는다면 우리의 삶은 아름답다. 그 만큼 꿈은 막연한 바람이 아니라 자신의 무한한 노력을 담은 날개의 힘이란 것을 깨달아야 한다. 내 자신 스스로 깨달은 꿈은 시간과 연관시켜 실천해가면 목표 속에 행복이 잉태한다. 이 꿈을 향해 한 걸음씩 다가갈 때 그 꿈을 이룰 수 있다. 그 꿈을 실현시켜 나아감에 물론 많은 경계 속에 고통이 뒤따른다. 그 고통을 딛고 일어설 때 꿈이 실현된다.

어느 교수님의 이야기를 잠시 생각해본다. KAIST에서 강연을 하는 교수님께서 많은 학생들에게 질문을 다음과 같이 했다고 한다. 강연을 듣던 3명의 학생에게 질문하면서 첫째로 개개인의 꿈을 물었다고 한다. 학생들이 대답하기를 "부자가 되기 위해서, 돈을 많이 벌기 위해서, 빌게이츠 같이 부자가 되기 위해서" 등 꿈을 이야기했다고 한다. 그 다음 질문으로 "부자가 되면 무엇을 하는 꿈을 가질 것인가?" 하는 질문을 했더니 모든 학생들이 다음의 꿈을 대답하는 것이 자신감 있게 첫번째 질문의 대답처럼 의연하지 못하고 머뭇거렸다고 한다. 이 때 그 교수님께서는 다음과 같은 생각을 했다고 한다. 아마도 학생들이 꿈을 가지되 그 꿈의 겉껍질만 가지고 그 꿈이 실현된다면 다음 단계에서 어떻게 하겠다는 구체적이고 실제적인 꿈의 설계를 가지지 못했음을 깨달았다고 한다.

그래서 그 교수님은 학생들에게 꿈의 이야기를 할 때에는 꿈의 꿈을 낳는 습속을 가지게 하고 구체적이고 실체적인 꿈의 청사진을 가지고 그 실행을 위해 최선을 다하는 습속을 가지도록 지도하고 있다고 한다. 추상적이고 막연한 꿈보다는 실현가능성이 있는 꿈이 시간이 흘러가면서 목표로 드러난다. 따라서 그 속에서 행복의 여의보주를 간직할 수 있고, 학생들은 꿈의 전도사 역할을 할 수 있다.

꿈은 최선의 선택을 가지게 한다. 꿈이 있는 사람은 선택을 잘 할 수 있다. 우리의 삶은 수많은 경계 속에 선택을 피할 수 없다. 위대한 꿈을 가진 사람은 분명 위대한 선택을 할 수 있다. 꿈이 있는 사람은 선택하고 행동하고 체크하면서 창조한다. 우리 삶에서 최선의 선택을 위해서는 양질의 정보가 필요하다. 그 정보를 받아들기 위해서는 우리는 보고, 듣고, 느껴야 한다. 항상 처해 있는 환경 속에서 그 환경이 나에게 무엇을 원하는지 그리고 내가 무엇을 해야 하는지 보고, 듣고, 느껴야 한다. 그리고 선택을 해야 한다. 언제나 우리는 내 삶에서 수없는 최선의 선택은 무엇일까? 하는 갈등 속에서 백척간두 상황에 직면한다. 따라서 그 선택을 잘 하기위해서도 우리에게는 꿈의 소중함과 그 가치를 깨우쳐야 한다.

따라서 꿈의 본질이 우리에게 가져다주는 것이 무엇인가를 분명히 알아야 한다. 그런데 우리는 본질을 모르고 그 껍질을 알고, 그 껍질만 입고 산다. 금년 8월말에 국무총리 내정자인 김태호 후보는 청문회에서 많은 것을 시사해 주었다. 이제 우리 사회는 공도자로서 공정성 · 투명성란 삶의 잣대를 절대적으로 요구하고 있는 것을 확인시켜 준 것이다. 지도자의 삶을 갖추는 길은 험난하고 뼈를 깎는 인고가 필요하다. 청문회를 지켜보면서 김태호 후보자의 개개인의 능력은 우리에게 절대 귀감이 되고 있지만 과연 공도자로서 선공후사의 정신으로 살아 왔는가? 그리고 살아 갈 수 있을까? 하는 의심을 주었다. 김 후보자는 본질을 잃어버리고, 그 껍질 속에 묻혀 살아온 삶을 볼 수 있다. 우리는 자기모순을 모르고 살아가고 있음을 내 자신부터 일깨워주는 계기가 되었다. 물론 내 자신이 교직에 공직자로 생활하고 있지만 자존심 속에 자기모순에 빠져있다. 참으로 안타깝다는 생각을 해본다.

요즈음 우리 사회는 교직에 있어 여러 패러다임이 바뀌어야 선진국의 면모를 갖추어 나갈 수 있다고 한다. 가르치는 직업을 가진 사람이 교사다. 교사의 자화상은 무엇일까? 바로 공인이고 공도자다. 허나 그 한 마음이 서로 공생공존하면서 상대방을 포용하고 배려하면서 나누는 습관이 경직되었다. 교육자는 언제 어느 때에나 그 시대의 정신적 생활의 거울이 되어야 한다. 시대적 흐름의 조류에 휩쓸리어 가기가 쉽다. 그 시대를 참신하게 선도해야 한다는 철학이 있어야 한다. 공도자는 공정성 · 투명성 · 신뢰감을 가지고 분발해감에 대중의 거울 역할을 해야 한다. 물론 공도자는 외롭고 힘든 직업이다. 허나 진리는 이 공로를 인정하고 베푼 만큼 받을 수 있다는 것이 호리도 틀림이 없다는 인과이치를 가르친다.

따라서 항상 꿈속에 흐르는 본질은 인과의 이치를 유념해야 한다. 한 생각 돌리면 모든 것이 공도자로 거듭날 수 있다는 자신의 자화상을 그릴 때 그곳에서 포용·배려·나눔이 실천되는 것이다. 이런 실천이 우리 삶에 있어 정신적 생활의 맑은 거울로 귀감이 되는 것이다. 우리가 생활 속에 수많은 선택의 기로에 섰을 때가 많다. 이때 결정하기 힘들 때마다 멘토가 신앙임을 스스로 깨닫는 경우가 많다. 이런 신앙심으로부터 내 삶에 꿈을 담은 자신감·용기·열정을 이끌어준다. 특히 나이가 들수록 이런 에너지는 신앙에서 추출됨을 일깨워준다.

한 가정에 정원 만드는 목적은 정원을 꾸미는 데 있는 것이 아니라 가꿈에 있다. 함을 깨달을 때 그 본래의 정원을 가꾸겠다는 꿈을 가지고 그 꿈의 본질을 잘 꿰어 간다면 정원의 겉모습은 안중에 없을 것이다.

따라서 정원을 가꿈에 결정하는 요소는 돈이 아니라 감성이다. 감성을 잘 관리한다면 나이가 든 사람은 스스로 향기로운 정원이 된다. 감상을 무시하고 황폐하게 만든 사람은 정원 대신 사막 같은 가슴을 가진다. '감성은 물질적 재화가 아니고, 사람의 인격' 을 결정하는 요소다. 누구나 정원을 갖고 싶어 한다는 말은 참으로 아름다운 꿈이다. 정원은 현대적 삶의 중요한 형식적 요소임을 강조하고 있다.

소박한 정원에 지친 사람들이 찾아와 편안하게 쉬어가는 풍경이 아름답다. 정원의 쓸쓸함이 있는 정원을 가꾸는데 필요한 것은 '감성' 이다. 이 감성을 유지함에 필요한 것은 무엇일까? 사랑의 원천인 꿈이다. 따라서 나의 마음이 정원에서 무엇이 자라고 있는가? 내면의 정원을 오래 가꾼 사람은 인생이 한 마당의 정원이다. 주변의 사람 하나하나를 소중한 꽃나무처럼 가꾼다. 자기 삶의 환경을 소중하게 가꾼다. 이들이 가진 세상에 대한 경외감은 세상으로부터 경외감의 대상이다. 이는 재력과는 무관하고 권력과는 무관하다. 스스로 정원이 되고자 하는 삶은 많은 사람과 자신을 나누고자 하는 자연스러운 마음에서 비롯된다. 이러한 꿈을 가지고 생활하는 사람은 언제 마음의 정원을 만들어 행복감을 극대화한다.

정원은 가꿈의 대상이 되는 정원이 있는가 하면 꾸밈의 대상이 되는 정원이 있다. 그러나 우리 사회에서는 정원의 꿈은 타인에게 보여주기 위한 공간으로 인식되고 있다. 참으로 안타깝다. 인생은 타인에게 보여주기 위한 겉치레만으로 살 수 없다. 정원은 우리의 꿈을 실천하는 한 공간으로 각인될 때 행복의 산물이다. 정서적인 측면에서 관찰하면 다를 것이 없다. 정원은 우리네 꿈을 그린 그림이다. 따라서 나의 꿈에서 나오는 날개의 힘으로 노력하는 사람은 꾸미는 삶이 아닌 가꾸는 삶을 만들어 간다. 이런 삶에서 자신의 꿈이 묻어날 때 공직자로서 행복은 샘물처럼 솟아날 것이다. (2010.9.15)

낙엽의 메시지

나는 물기가 촉촉이 젖어 쌓여있는 낙엽 밟기를 좋아한다. 이른 아침에 출근하여 학교뒷산의 오솔길을 산책하다 보면 여기저기 무질서하게 쌓여있는 낙엽의 군집들이 나름대로 아침 구수회의를 하는 것처럼 조용하게 숨소리도 죽인 듯 묵언으로 일관하고 있다. 참으로 낙엽처럼 묵언으로 하루일과를 생각하고 그 생각을 온종일 실천하는 모습이 부럽기만 하다.

우리는 일과 속에 변심이 많아 매사에 탓하고 미워하고 화내면서 여러 꼴상스러운 면을 본다. 허나 낙엽은 바람이 부는 대로 여기저기 흩어져 낮은 포복, 높은 포복으로 그 자태가 때로는 이글어지고 찌그러진다고 해도 흉한 상을 내지 않는다. '낙엽은 참으로 모든 것을 초월한 삶을 살아가고 있구나!' 하는 생각이 아침마다 나를 일깨워준다. 아마 자연의 순리대로 살아가는 지혜가 최고의 삶의 방법이라 넌지시 행동으로 보여준다.

우리는 보다 나은 사람이 되기를 바란다. 나뿐만 아니라 주변의 인연들이 극성을 떨면서 우리 아이만은 최고가 되어야 한다는 그 하나의 일념으로 극성이 극에 다다르는 경우가 많다. 이 결과 우리 사회는 너무 정도를 벗어나 극성스러운 판을 그려간다. 나는 잠시 생각에 잠긴다. 수목이 자란다고 해서 그 수목의 가치를 다 했다고 볼 수 없다. 그 환경에 맞고, 주변에 여러 영향을 주고받는 등 친환경적 인프라가 많아야 그 가치가 있고, 그 영원성이 역사에 남는다. 이에 상반된 경우도 있다. 오늘날 경쟁력을 요하는 시점에서 고효율과 소투대득을 원하는 시기에 선점만이 살아남을 수 있다고 하면 말문이 막힐 뿐이다.

그러나 여기서 생각하는 것은 모든 것을 일의 순리에 따라 하자는 것이다. 예를 들어 참나무가 삼백년 동안이나 서 있다가 결국 잎도 제대로 피우지 못하고 통나무 자체로만 쓰러지고 말았다면 나무의 가치가 있겠는가? 수목의 기능을 다해 수목처럼 활동할 수 있는 기회가 없었다면 어이 그 수목의 300년의 의미를 부여할 수 있을까? 그렇다면 하루만 피었다가 저버리는 오월의 백합송이가 훨씬 그 아름다움과 가치가 있다고 할 수 있을 것이다. 비록 밤새에 시들어 죽는다 해도 그것이 꽃의 생명과 가치이다.

나는 한번 왔다가는 생명에 의미를 부여하면서 가치와 명분을 자연의 섭리 따라 가면 좋다고 생각한다. 작으면 작은 대로 아름다움을 보면 조금씩 완벽해지는 우리 주변의 학생들이 아름답게만 보인다. 우리가 학생들을 너무 서둘러 지도하는 것 자체를 한번 생각하는 시간이 필요하다.

어느 시인은 말하고 있다. 300년을 살아도 그저 버릇처럼 무덤덤하게 사는 것보다 하루를 살아도 빛을 발하면서 강렬하게 사는 것이 현명한 삶이라 한다. 이는 우리에게 시사하는 바가 많다. 무조건적 육신의 눈에 크게 보이는 것에만 가치를 두는 것보다는 시인처럼 영혼의 힘을 가지는 것이 참으로 행복한 삶이라는 것을 가르쳐 준다.

가을은 청명을 상징하기에 유리알처럼 투명하여 그 멀리까지 내 자신을 되돌아 볼 수 있게 하는 계절이다. 눈부신 가을 햇살이 우리가 살고 있는 삶의 보금자리를 구석구석 환하게 비치고 있을 때, 마치 돋보기처럼, 보잘것없는 것들의 아름다움을 더욱 크게 드러내고 있다. 우리는 이것을 살펴가면서 내 자신을 사랑하는 마음의 등불을 밝혀가야 한다. 그것도 영혼의 눈으로 하루하루의 소중한 삶을 간직하면서 크고, 작음에 착심이 없이 아름다움을 찾아간다면 우리의 마음이 밝아져서 참으로 가을의 과일처럼 우리의 삶은 풍성해질 것이다. (2004. 11. 4)

내 삶의 소망

우리는 누구나 안정되고 편안한 삶 속에서 행복을 추구하기를 좋아한다. 그 추구한 삶에서 자신을 살피고 평온한 만족감 속에서 자존감을 가지는 것이 그리 쉽지는 않다. 세월의 흐름 속에 생활양식이 많이 변화되고, 환경에 적응함에 나름의 노력이 선행되어야 한다. 하나 그 선행의 노력이 자신을 항상 자유롭게 만들지는 못할 때도 많다. 그래서 자신을 바라보면서 행복한 삶을 추구하는 서원을 하게 되고 자신의 허약함을 알고 자타력이 하나 되는 진리의 힘을 바라게 된다. 그 결과 종교가 발생되고 그 속에서 우리 자신을 지켜주는 것이 바로 종교이다.

따라서 종교는 중생의 자리를 지키는 길이라고 한다. 그 중심에서 헌신하고 봉사하고 지혜의 불을 밝혀주는 성직자는 개인의 자리를 초월하여 공인으로 도덕적 완결을 연결시켜주는 발판으로 대중에게 사랑과 안락과 평화를 위한 출발의 삶을 목표하기 때문에 고통과 시련이 따르지만 그 자리는 빛나는 것이다.

이 세상 주인은 집단의 권리나 권력의 자리가 아니고 그 자리에서 벗어나서 집단과 사회를 위한 의로운 자리를 위해 땀 흘리는 사회의 공복으로 스스로 공도자가 되기를 바라는 용기를 가진 사람이다. 원불교 교무의 삶을 살펴보면 그 한 평생에 서원하는 것은 개인의 삶보다는 중생의 삶을 위해서 제생의세하는 공도자의 삶을 서원한다. 자기 자신을 하루도 거름이 없이 뼈를 깎는 마음으로 모시는 마음으로 성업봉찬하면서 스스로 겸손함과 불공으로 시종일관 봉사하고 희생하는 공인이 되기를 바라며 사는 삶이다. 참으로 고귀하고 거룩한 삶이다. 그 어디에도 사견을 지양하기 때문에 맑고 밝고 청초한 삶의 표본이다. 가난과 고통을 당한 자의 자리에서 봉사와 땀으로 사는 삶은 이 세상을 맑히는 삶이다. 이 분들이 바로 우리 사회의 어두움을 밝혀주고 목탁과 촛불의 역할을 하면서 성직의 길을 걷고 있는 성직자다.

원불교를 신앙하는 사람들의 마음에는 불공하는 마음, 모시는 마음, 공경하는 마음이 상존하기에 항상 지은보은하며 행복한 삶을 산다. 오늘도 공도자 삶을 서원한다. 내 모습 속에서 오직 한 마음으로 공정성과 정의를 유념하고 도덕의 잣대를 유연하게 재어간다. 켜켜이 돋아나는 나뭇잎처럼 세상의 일을 맑고 밝게 하면서 주위 인연들과 상생의 선연으로 만나기를 간절히 소망한다. 인생의 한나절을 지나가는 시점에서 그 동안 내가 받은 은혜의 선물을 잘 활용하면서 내가 일궈 놓은 은혜의 선물을 나눌 줄 아는 삶을 간절히 그린다. 나의 서원에 올곧게 경계 속으로 불어오는 회오리바람을 감사하게 수용하면서 그 역경을 순경으로 맞이하는 내 자신을 가꾸어 가도록 정성을 모을 뿐이다.

살면서 나이가 먹어간다. '그 먹어간다는 뜻은 무엇일까?' 하면서 종종 나를 생각해본다. 나의 얼굴도 생각도 몸짓도 두꺼워져가고 있다. 두꺼워진다는 것은 사소한 일에 민감해진다는 것도 아니고 염치가 없다는 것도 아니라 마음의 폭이 넓어진다는 것이다. 흔히 나이가 젊었을 때에는 어떤 경계가 오면 자주 화도 내고 자존심도 상하고 때로는 내 생각에 따라 희로애락에 자주 끌려 다녔다. 허나 세월이 흘러 나이가 먹어감에 따라 마음의 여유가 생기면서 '상대방의 꼴' 도 봐주는 마음의 여유가 일어난다. 그래서 혹시 상대방이 자존심을 건드리는 일이 있어도 '그래, 그러려니…,' 하며 웃음으로 일관하기 때문에 화를 내는 수가 점점 줄어든다. 이런 삶은 분명히 마음으로 넉넉하고 배려하고 포용하는 삶이다. 이에 선행하는 조건은 모든 원망과 화냄도 그 원인이 자신에 있음을 알아차리고 자신을 성찰하면서 자신을 인정한 후에 상대방을 인정하는 것이다. 이 때 비로소 상대방에 대한 화냄도 원만함도 소멸되고 감사하는 마음으로 관계지수가 형성된다. 우리는 매사에 자신의 뇌리에 고정관념이 가득하여 때를 가리지 않고 편견과 주착심으로 자신을 운전하기 때문에 일방통행 속에 마음의 사고를 낸다. 이런 사고를 미연에 예방하는 길은 매사에 공정성과 정의의 폭을 넓혀가면서 나를 보고 일거리의 원인이 먼저 내 자신으로부터 일어남을 알고 상대방을 인정하는 생활 습속이 형성될 때 비로소 매사에 감사함을 느끼게 된다. 그러니 마음의 여유 속에 나는 업그레이드되는 성업봉찬의 덕을 쌓아가기를 서원하며 생활할 뿐이다.

라즈니쉬는 다음과 같이 말하고 있다. "생활 속에 화가 났을 경우에 자신의 화를 표현하지 않으면 억압에 의해 생긴 열이 육체의 어딘가에 쌓여서 블록이 된다." 인간의 육체를 대상으로 한 연구보고

서를 보면 100가지 질병 중에 50가지는 육체에서 온 것이 아니라 마음에서 온 병이라고 한다. 정신적 질병이 육체 안에 장애를 만든다는 것이다. 그래서 육체는 굳어지게 되고 순발력을 잃어버리며 순수성을 상실하게 되는 것이다. 화가 날 때에 참으면 몸 안에 블록이 생기고, 화내는 모습은 결코 아름답지 못하니 이를 해결하는 방법을 찾아야 한다고 강조하고 있다. 그 방법이 바로 '정신수양' 이다. 현실 속에서 나의 육근인 안이비설신의가 움직임에 정상적으로 작용하지 못하고 경계가 올 때마다 고요하지 못하고 요란한 내 마음을 수없이 본다. 경계는 우리 생활에서 나타나는 구체적인 삶의 현장이다. 모든 순간이 경계 덩어리다. 그 경계 따라 일어난 마음을 돌리고 세우는 것이 마음공부다. 올라오는 화를 참는 것은 마음공부가 아니다. 내 마음의 상태를 정확히 읽는 것이 마음공부의 정석이다. 이 요란함에 노예가 된다면 '어이 할꼬?' 하면서 나를 체 잡아 가는 것이 일심공부요, 마음공부다. 요란해지면 원망하고 탓하는 마음이 나온다. 그 원망하고 탓하는 마음의 뿌리를 없애야 한다. 그러기 위해서는 흩어진 마음에서 내 본래 마음인 텅 빈 상태로 가야한다. 즉, 내 본성자리로 가야하는 것이다. 흩어진 내 마음을 하나로 모아가기 위해서 원불교에서는 좌선과 염불을 한다. 염불은 천만 가지로 흩어진 내 정신을 일념으로 만들기 위한 공부법이다.

순경과 역경의 경계에 흔들리는 마음을 안정시키는 공부법으로 염불의 문구인 '나무아미타불' 로 많은 깨달음에 귀의한다는 의미다. 그리고 선이라 함은 원래 분별주착이 없는 각자의 성품을 오득하여 마음의 자유를 얻게 하는 공부다. 밖으로 천만경계를 대하되 부동함은 태산과 같이 하고, 안으로 마음을 지키되 청정함은 허공과 같이 하여 동하여도 동하는 바가 없고 정하여 정하는 바가 없이 그 마음을 작용하는 것이다.

이렇게 염불과 선을 함으로써 주위 경계 거리들이 사라지고 오직 한 마음속에 시원스럽게 나를 그리는 시간이 된다. 일상의 틀을 벗어나 새로운 환경에서 자신을 돌아보는 정화된 순수한 몸과 마음으로 새로운 시작을 하는 습속이 갖추게 된다. 이런 생활 속에 나를 투명하게 바라보면서 나의 삶에 공도자의 길을 잘 걸어가고 있는가를 항상 유념하는 생활 습속이 나의 보고임을 깨달아 간다. 그러니 내 삶의 소망은 바로 공도자임을 밝혀 실천의 서원을 하는 것이다. 자자, 점점 자비의 바다로 여행을 떠나는 나를 만들어 보자!

(2010. 9. 30)

내 행복은 당신이야!

복잡한 도회지 생활을 하다보면, 때로 나를 잊게 하는 경우가 많다. 나를 잊는다는 것은 욕심을 비우고 공허한 마음을 가지는 것이 아니라, 내가 해야 할 일을 망각하고 내 존재감마저 잊어버리는 경우를 뜻한다. 참으로 어리석은 일이다. 이런 망각은 나를 행복하게 하기보다는 불행하게 만드는 씨앗이 된다. 따라서 나의 상을 보살펴 가는 책무가 그 얼마나 중대한 일인가를 새삼 인식하게 된다.

삽상한 가을 기운이 온종일 우리를 즐겁게 해준다. 가을 기운이 넉넉하고 풍부한 생각을 가지게 하고 나를 즐겁게 하는 에너지임을 깨닫는다. 가을 기운을 내 것으로 최대한 활용해서 나의 브랜드를 극대화하는 것이 가을을 만끽하는 일이다. 동양의 성자는 '이 세상에서 이용하는 법을 알면 천하에 버릴 것이 없다.' 고 말씀했다. '이용하는 법도의 효용성은 어떻게 성취하는 것이 최고인가?' 하는 생각을 한다. 내 마음의 준비 없이 되는 대로 이용하면 그 극대치를 발휘할 수 없다. 언제나 감사함 속에서 나를 변화시킬 수 있고 나를 인정하고 상대를 인정할 때에 상호간 교감으로 상생의 행복을 얻는다. 그러니 행복은 나로부터 시작하는 것이다. 이때 나는 존재감을 인식하고 나를 바라보는 혜안이 절대 필요하다.

금년 9월에 우리 한반도를 강타한 태풍은 위력이 대단했다. 새벽녘에 느닷없이 세상을 뒤흔들어 도시를 온통 쑥대밭을 만들었다. 도로변의 가로수가 여기저기 쓰려져 있고, 건물의 광고판이 떨어져 나뒹굴고, 아파트의 베란다 창문이 깨어지거나 떨어지고, 아파트에 조경용으로 심어 놓은 40년 이상 된 소나무가 뿌리 채 뽑혀졌다. 참으로 혼란 그 자체였다. 소나무가 넘어져 있는 모습은 많은 생각을 하게 한다. 그 소나무 한 그루 한 그루의 뿌리는 짧고 잔뿌리가 거의 없다. '왜 그럴까?' 하는 의문이 들었지만 조경사들은 쉽게 그 답을 알아낼 수 있었다. 수목은 상생의 인연으로 흙을 만나야한다. 허나 조경사의 힘에 의지해서 위에서 비료를 주고 있기 때문에 뿌리를 통한 영양소를 빨아들일 필요가 없다. 그러니까 겉 가지의 솔

잎 농도는 건강하게 보일 뿐만 아니라 그 몸통 자체도 이상이 없는 듯하다. 허나 땅 밑에 내린 뿌리는 그 나름대로 뿌리를 뻗는 노력을 할 필요가 없다. 바로 양분이 공급되기 때문에 그만큼 노력이 필요 없다. 한마디로 요약하면 조경사의 과보호를 받는 의존적 삶이 이런 결과를 낳게 한 것이다. 참으로 뿌리와 땅의 관계에서 상생의 관계지수를 높여가는 것이 그 얼마나 중요한 것인가를 일깨워준다. 또한 모든 관계는 자타력이 병진될 때에만 상생관계의 안정감과 행복감을 만끽할 수 있다는 교훈을 준다.

미국 서남부 지역에는 밑둥의 지름이 10m이고 키가 90m 이상 똑바로 자라면서도 뿌리는 2,3m밖에 되지 않는 레드우드라는 삼나무가 있다고 한다. 이 거목들은 체구에 비해 뿌리가 연약해보이지만 낙뢰에 불타는 일은 있어도 태풍에 쓰러지는 일은 거의 없다고 한다. 자세히 살펴보면 뿌리가 땅 밑으로 깊게 뻗어 한 뿌리에 여러 그루의 나무가 자라기 때문이다. 지상에서는 각자 한 그루 나무이지만 땅 밑에서는 한 뿌리에 연결돼 공동체를 이루며 한 가족처럼 살아가고 있다. 이번에 태풍으로 쓰러진 나무는 레드우드처럼 뿌리가 서로 연결되지 않았기 때문에 희생타를 맞은 것이다.

이번 태풍으로 얻은 교훈은 많지만 특히 나는 다음과 같은 강한 메시지를 받았다. 한 그루의 수목이 생존하기 위해서는 뿌리를 깊게 뻗어 내리는 것도 중요하지만 다른 수목의 뿌리와 한 몸이 되어 공동체를 이룬다는 것이다. 우리네 삶에서 과거에는 아날로그 삶으로도 모든 것을 충족하고 행복을 창출했다. 그러나 시대의 변화 속에서 디지털 삶의 방식을 선택해야 질 높은 삶을 살아갈 수 있다. 모든 것이 '내 것, 네 것 구분할 것이 없이 한 덩어리로 엮어진 퓨전의 삶' 으로 가족화 되어야 한다는 것을 넌지시 암시하고 있다.

우리의 삶은 수목처럼 서로 이해하고 공존하는 공동체라기보다, 이해하기를 거부함으로써 서로 갈등과 분열을 일으키는 공동체 생활을 체험하고 있다. 우리는 함께 공동체를 이루면서도 나와 뿌리가 다르다고 하여 배타적이고 거부하는 반응을 보이는 경우가 비일비재하다. 나와 삶의 방식이 다르다고 해서 서로 한 몸이 되기를 꺼린다. 결국 색깔론의 함정에 빠져 태풍에 의해 쓰러진 수목의 모습을 면하지 못한다.

나는 나로서 존재하지만 궁극적으로는 나로서만 존재하지 않음을 깨달아야 한다. 당신이 존재함으로써 비로소 내가 존재함을 깨달아야 한다. '유아독존' 이라고 하지만, 수목의 뿌리와 땅의 관계처럼 공동체 삶에는 '자리이타의 정신'이 생활 속에 뿌리내릴 때 비로소 삶의 행복을 누릴 수 있다.

인도 출신 예수회 신부 앤서니드 멜로가 쓴 우화 중에 이런 이야기가 있다. 남자가 연인의 집을 찾아가 문을 두드렸다. 연인이 "누구냐?"고 물었다. 남자가 대답하기를 "나야, 나."라고 대답을 했다. 그러자 그 여자는 반응하기를 "돌아가라, 이 집은 너와 나를 들여놓는 집이 아니다."라고 하면서 문을 열어주지 않았다고 한다. 그 남자는 그곳을 떠나 광야로 가서 몇 달 동안 연인의 말을 곰곰이 씹어보았다. 그러고 다시 돌아와 문을 두드렸다. 연인이 다시 "누구냐?"고 물었다. 남자가 이번에는 "너야, 너."라고 대답했다. 그러자 금방 문이 열렸다고 한다.

윗글에서 주는 교훈은 무엇일까? 곰곰이 생각해본다. 아마도 우리는 이렇게 '나이면서도 동시에 너다.' 함을 인식해야 한다. 당신이 없으면 내가 없고, 내가 없으면 당신이 없다는 인식을 할 때에 비로소 다름을 인정하기에 이른다. 이런 조화를 이룰 수 있음을 깨닫는다면 행복은 나와 당신 앞에 용광로처럼 달구어질 것이다.

한 가정에서 부부생활을 하면서도 '나' 라는 존재 속에 포함된 '너' 라는 존재를 인정하지 않는다면, 부부간에 분명히 갈등과 분열이 증폭된다. 부부가 서로 다른 환경에서 성장하면서 서로 다르다는 점이 갈등의 원인이 된다. 그러나 삶의 원동력도 된다는 사실을 깨달아야 한다. 한 쌍의 부부로 어우러짐으로써 부부의 아름다움을 창조한다는 사실을 이번 태풍으로 넘어진 수목은 큰 가르침을 주고 있다. 따라서 오늘도 나를 잊지 않고 항상 '당신이 없이 내가 살 수 없다' 는 사랑의 말씀을 유념하면서 살아간다면 이것이 부부 행복의 꽃이 될 것이다. (2010. 10. 7)

녹차에서 행복이 묻어나네

오늘은 학교가 수련회 관계로 인적이 드문 사찰처럼 정적이 감도는 분위기이다. 귓가에 맴도는 학생들의 재잘거리는 소리는 멈추고 화단에 핀 능소화의 초록빛이 주위 초록 가족과 함초롬히 정적함을 더해 준다. 교정의 철쭉꽃 향기는 비록 자취를 감춘 지가 오래지만 그 여운이 감돈다. 이제 몇 달 아니면 능소화 줄기에 주렁주렁 매달릴 열매를 생각하면 싱그러운 미소가 입가에 가득하다. 거기다 고목 등걸의 향나무는 새순을 돋아 내며 학교의 모든 미진을 여과하며 말끔하게 흡입하는 무거운 일거리를 풀어가듯 숨을 몰아쉬며 땀방울을 흘리는 모습이 대견스럽기만 하다.

오늘 한가한 시간에 교무실에서 독서하다가 녹차 한 잔을 마신다. 그 동안 번잡하게 쌓였던 탐진치의 마음을 잔속에 담아 여과하면서 느긋한 시간을 가져본다. 한 낮의 시간을 견디기가 지루하고 무거울 때에 녹차 한 잔 마시는 여유를 내 스스로 만드는 기분도 나를 바라보는 기연이 된다. 나를 보는 순간순간이 나를 가꾸어 가는 아름다움이고 내일의 코발트빛 희망이라 마치 모시적삼을 입은 듯 시원스럽다. 기억하기 싫은 일은 말끔히 비워버리고 아름다운 추억만을 잔속에 채워보는 것도 내 삶을 여의보주로 만드는 기연이다. 언제나 내 자신의 일들을 마치 내일을 살아가는 지혜로 만들어 보는 마음이 여기에서 솟아난다면 분명히 행복한 시간이 될 것이다. 식어버린 녹차 한 잔의 마지막 한 방울까지도 단비 같은 위로가 되어 메마른 내 가슴을 적시고 달콤한 세상의 향기를 느끼게 될 때에 우리의 행복은 여유로운 마음속에 꽃으로 만개한다.

녹차 한 잔을 비우면서 내 자신을 되돌아보고 그 많았던 추억을 음미하고, 내 마음을 무겁게 했던 사연들을 하나로 모아 응집한다. 그 때, 초라했던 자신을 발견하면서 살아온 날보다 살아갈 날을 위해 기분 좋은 마음으로 찻잔을 비운다. 내 자신을 발견할 때 눈물보다 더 맑은 내 마음의 그림을 그려보고 싶다는 바램 속에 행복의 향기가 묻어난다.

빠르게 돌아가는 일상의 일들은 서로 맞물려 나를 자유롭게 하기도 하지만 나를 억압하는 경우도 허다하다. 이때에 지친 마음을 녹차 잔에 녹여 향긋한 차향으로 변화될 수 있도록 내 마음 여과되는 순간이 내 내심의 최고의 자유스러움이고 행복이다. 이 순간 오늘의 일보다 내일의 일 속에 값진 서원을 맹세하며 잠시 쉬는 순간 녹차의 향기 속에 나는 행복 사람이 되는 기분이다. (2008. 5. 20)

디지털 피아노

어느 교회 목사님의 글이 나에게 나눔의 가르침을 준다. 시골 목사님인 그 분은 어려운 상황 속에서 목회활동을 하지만 평소 자녀들을 위해 책을 구입해주는 것에 는 돈을 아끼지 않았다고 한다. 그 목사님은 어느 출판사의 지식인 시리즈를 10만원이 넘는 거금으로 구입했다. 그런데 얼마 후 그 출판사에서 전화가 오기를 출판사 이벤트에 당당히 1등으로 당첨되어 110만원 상당의 노트북을 타게 되었다는 것이다.

그 목사님은 이미 노트북이 있는 관계로 중고 장터에서 70만원에 판매하여 세금을 제외하고 50만원이라는 거금을 손에 쥔 순간 너무 기뻤다고 한다. 그래서 본인이 평소 가지고 싶었던 전자 사전과 아들을 위한 MP3 등을 구입한 뒤 집으로 돌아 와서 감사기도를 올렸다고 한다. '하느님 아버지! 당신의 아들에게 좋은 선물을 안겨주어 감사합니다.' 하는 기도를 올린 후에 수일이 지난 후에 어느 교인의 전화가 걸려왔는데 참으로 아픈 사연을 늘어놓았다고 한다. 그 내용인 즉 교인의 아들이 심한 화상을 입었다는 내용이다. 참으로 안타깝고 측은한 사연이었기에 없는 통장을 털어 병원치료비를 송금해주었다는 내용과 그 목사님 하신 말씀이 나의 마음을 감동시켰다. '그 50만원은 나의 것이 아닌데 내가 왜 돈을 마음대로 사용했을까?' 하면서 그 50만원을 받을 사람이 따로 있는데 내 마음이 막히어 내 이웃을 돌아보지 못했음을 후회한다는 말씀에 '참으로 좋은 목회활동을 하시는 분이구나!' 하는 생각이 들었다.

우리가 일상생활을 하면서 주위 인연들과 함께 나눈다는 것은 행복한 것이다. 허나 그 실천이 되지 않는 것은 내 마음이 막히고, 욕심이 있기 때문이다. 내 한 생각을 돌리면서 두루두루 널리 화할 것인데 하면 거기서 지혜와 막힘없는 마음의 문이 열린다. 금세기 빌게이츠 같은 사람의 기부하는 문화는 우리에게 좋은 깨침을 준다. 하지만 나누어 간다는 것은 아름답다는 것을 알면서도 실행하기 어렵다. 나도 위 목사님의 마음을 가슴에 새기고자 마음을 먹는 계기가 되었다.

중국에 유학하고 있는 둘째 버금이가 중국 정부에서 주는 장학금을 받았는데 또 북경시에서 지급하는 장학금을 받는다고 해서 한편으로는 즐겁고 반가운 일이지만 다른 한편으로 미안한 생각이 들기도 하다. 함께 나누는 것이 좋지만 학교방침 대로 따라야 하기 때문에 받아야 한다고 한다. 물론 딸아이는 기분이 좋을 것이다.

우리 부부는 이런 경사를 함께 나누는 일에 동감을 하게 되었다. 교당에 피아노가 노후 되어 교체를 하거나 수리를 해야 한다는 것을 알기 때문에 고민을 했다. 이번 기회에 버금이가 장학금을 받은 것을 축하하고 또한 사은님께 보은하는 길로 '여러 대중들과 즐거운 리듬을 선사하는 것도 좋겠구나!' 하는 생각이 들어 부부가 함께 쾌히 결정하고 디지털 피아노를 기증하게 되었다. 참으로 교당의 구석구석에 웅장한 소리가 퍼지는 순간 나는 즐겁고 행복해진다. '함께 나누고 즐긴다는 것은 참으로 이렇게 좋은 것이구나!' 하는 생각이 든다. 함께 나누는 목사님의 이야기를 실천하는 계기가 되어 감사할 뿐이다. (2009. 10. 16)

좋아하는 가을

4계절 중에서 가을, 이는 듣기만 하여도 충만한 기쁨을 금치 못하는 계절이다. 보이는 것마다 모두가 유혹이라 경계거리다. 우리네 마음 변화 중 이 때만큼 열광적인 감탄 소리가 우리의 주변에 감도는 경우도 드물다. 꽃잎에 맺힌 이슬을 짜면 청수 같은 물줄기가 주룩주룩 흘러내린다. 옥처럼 맑고, 청명한 하늘을 어느 계절에 볼 수 있을까? 하늘은 높고, 말이 살찐다는 천고마비의 계절인 가을을 예찬하는 노래를 부르지 않는 사람이 누가 있을까?

이른 봄에 생명의 씨를 파종하고, 무더운 여름에 피땀 흘려 온갖 정성을 다 들이면서 가꾼 꽃과 향기가 온 대지를 아름다움으로 단장한다. 열매를 맺는 가을에 수확의 풍성함을 만끽하는 계절이 가을이다. 모든 사람들이 가을을 예찬하는 노래 소리가 여기저기에서 들려온다. 1년의 4계절의 진면목이 모두 나름대로 특색이 있지만 활동하기에 가장 좋고, 자기의 심신을 확인하는 계절, 즉 인과응보의 진리를 통하여 삶의 도장을 찍고, 새 삶을 가질 수 있는 기회이기에 더더욱 나는 가을을 좋아한다.

가을이 오면 어린 시절이 내 마음 속에 영상이 떠오른다. 학교 등교 길에 벼이삭을 젖히며 걸어가자면 바지와 벼이삭과 마주치는 소리, 쓰럭쓰럭하는 소리가 내 걸음 거리에 장단을 맞춘다. 이때에 바지 밑에 이슬로 피륙이 되어 추상화를 그린다. 지금은 인터넷의 발달로 도농간의 정보의 차이가 적지만 내가 성장하는 무렵의 시골에서는 보고 듣는 것이 적은지라. 어린 마음에 상상으로 바지에 그려진 추상화를 추리 상상하는 버릇이 생겼다. 아마 지금의 추리 상상하는 습관은 이때에 싹텄을 것이다.

가을 농번기에 들녘에 나가면 들려오는 소리가 있다. 벼를 베는 소리는 농부들의 작업에 장단을 맞추어 주는 리듬 역할을 해준다. 나는 이 벼 베는 소리를 좋아하곤 했다. 벼를 논바닥에 건조시키기 위해 나란히 늘어놓은 그 모습, 참으로 속내음 풍기는 평화스럽고 풍요로운 분위기 속에서 다정스럽게 속삭이는 벼들 간의 환청소리를 귀담아 듣기를 좋아했다. 점심때에는 형수님께서 점심거리를 머리에 이고 땀방울이 마치 포도송이 영글듯이 흘러내리면서 먼 길을 오셔서 차려놓은 푸짐한 반찬의 정경! 밥 한 숟갈씩 입에 넣고 씹으면서 가족끼리 오손도손 이야기하다보면 오전의 피로감은 어디로 사라지고 마냥 즐겁기만 하던 그 시절이 그립기만 하다.

가을은 수확의 계절이라 냇가에 흐르던 물이 적어 민물고기잡기가 안성맞춤이다. 아버님께서 사용하시던 투망을 이용할 수도 없고 해서, 친구들과 이때가 되면 물가에 들어가서 손으로 더듬거리며 한 마리라도 더 잡기위해 숨도 죽이고 물속을 헤맨다. 발자국을 찾아 그 속이 마치 보금자리인 듯이 쉬다가 잡힌 붕어, 메기, 가물치 등 많은 양을 잡아 함지박에 넣는다. 그 함지박은 머지않아 여러 물고기로 어항을 이룬다. 여기저기에서 붕어를 잡았다, 메기를 잡았다, 가물치를 잡았다는 환호성이 들리면서 우리는 온통 시간 가는 줄도 모르고, 마냥 즐기던 모습들이 그립기만 하다.

가을의 꽃을 바라보고 있으면, 내 마음 화심으로 돌아간다. 가을꽃치고 정답고 아름답지 아니한 꽃이 어디 있을까마는 나는 그 중에서 어디에서나 흔하게 접해 볼 수 있는 코스모스를 제일 좋아한다. 나의 어린 시절 학교 정문에 들어서면 흐드러지게 만개한 꽃이 코스모스다. 이 코스모스는 만인에게 숨김없이 다 보이기에 세인들의 관심 밖에 있다. 허나 어딘가 모르게 숨어있는 아름다움이 넘쳐흐른다. 아마 이것이 코스모스가 가지는 매력일 것이다. 나는 어린 시절 연약했기에 더더욱 가족들로 하여금 걱정거리였다. 허나 성장하면서 거목처럼 튼튼해졌다. 연약한 어린 시절! 나의 벗은 코스모스였다. 왜냐하면 연약함의 동반자였기 때문이다.

코스모스는 아주 연약한 대에 잎사귀 채꽃들이 수없이 매달려있다. 한편 한 채꽃은 다른 채꽃으로 변모하지 않고, 연약한 대는 잎사귀의 많은 채꽃을 달고, 주야로 지탱하는 의지는 참으로 거룩하기만 하다. 나는 코스모스를 바라볼 때마다 생각하는 것이 있다.

오늘날 우리의 현실은 도덕적, 윤리적 가치관이 흔들리고 있고, 내가 살기 위해서 어제의 동반자가 오늘의 적대관계로 시시때때로 변하는 현상 속에서 코스모스의 속성을 배우고 싶은 마음이 끓어오른다. 자! 조금이라도 시간적 여유가 있으면 자연을 벗하여 즐기고 싶다. 사계절 중에서도 가을의 계절을, 그것도 가을의 코스모스 여러 자태를 한 눈에 응시하면서……. (2004.10.25)

평온한 오솔길

초여름을 축복이나 하듯이 오후 한 때에 빗줄기가 내리는 덕분에 내가 다니는 산책로 오솔길은 촉촉하고 부드러워 참으로 싱그러운 초록의 세계를 만끽하는 기분이다. 언제나 신선하고 고요한 산책로는 참으로 내 마음을 편안하게 해준다. 자연의 아름다운 전경에 취해본다. 키 작은 수목과 키 큰 수목의 어울림 속에 여러 가족들이 함께 청초한 빗방울로 연초록 잎새마다 샘물을 만들어 즐긴다.

오솔길 따라 걸어가면 수목들 잎새 사이로 보이는 구름 한 점, 한 점이 뭉개 그림 그리듯 평화로운 자태를 만들어 가고, 내 마음도 편안함으로 가득하다. 옆에 보일 듯 말 듯 몸을 움츠리고 있는 들꽃 한 송이의 모습이 드러나 보인다. 들꽃을 응시하는 순간, 참으로 수

업의 피로감도 멀어지고, 평화로움과 안온함을 발견한다.

수목들은 언제나 그 자리에서 자기 몫을 하면서 서있는 모습으로 제 자리를 수호한다. 때로는 비바람이 몰아칠 때에 수목은 팔다리가 휘어지고 찢어져 상처가 난다해도 자신의 몸을 생각하지 않고, 움직임이 참으로 대견하기 그지없다. 마치 서있는 것과 움직이는 것이 다른 세계처럼 보이지만 실제로 다른 세계가 아니고 서로 그리워하는 관계처럼 보인다. 서있는 것도 바람과 햇빛을 머금을 수 있고, 흔들려 움직이는 것도 바람과 햇빛을 머금을 수 있기 때문이다.

청초 빛 완연한 노송으로 시선이 간다. 노송의 모습을 감상하면서 나를 놓고, 청솔, 잣나무, 매화나무, 아카시아나무를 바라본다. 학교 뒷산의 산색을 시원스레 휘감는 푸른 잎들이 삶의 활력과 평안의 기쁨을 준다. 이미 나는 나의 몸이 아닌 산인이 된 것같은 착각에 빠진다. 이 순간, 산야의 초록 위아래에 놓여있는 수목들의 키가 한 뼘의 크기만큼이나 자라고, 손톱만큼 잎이 넓어지는 것 같다. 자연의 경관을 이루는 가족들이 자연스레 숨 쉰다는 것을 비로소 깨닫는다. 이게 자연의 진리임을…….

나는 오솔길을 거닐면서 나의 가냘픈 지식, 정보, 체험, 속 좁은 생각 등의 비늘들을 하나씩 벗겨낸다. 자연스럽게 숨 쉬는 것을 당연하게 받아들였던 지난날들을 다독거린다. 수없이 조이고 풀고, 토닥거리는 동안 내 앞에 구름이 걷히고 청명한 하늘 그 자체가 보인다. 옛 어른들이 하신 말씀에 5분의 호흡은 5분의 평화와 고요함을 유지시키고, 10분의 호흡은 10분의 평온함과 고요함을 자리 잡게 한다고 했듯이 짧은 시간에도 맑은 하늘을 바라볼 수 있어 한없이 감사할 뿐이다. 하늘도 푸르고, 산도 푸르다. 푸른 잎이 호흡을 한다. 오늘 산과 수목들의 잎을 따라 호흡을 깂아가니 나의 평상심이 넓어지고 깊어지는 기분이다.

이른 새벽에 좌선을 하니 내 호흡 자세의 틀이 바로 잡아지고 있다. 바른 단전호흡을 하면서, 그 속에서 나의 편안함을 느낄 때 내 주위가 정말로 편안하게 느껴진다. 이른 새벽 호흡을 통하여 경이로움을 느낄 때에 주위가 경이롭게 보일 순간이 나에게 최고 행복이다. 오늘도 산책로 오솔길을 거닐면서 호흡을 가다듬고 나만이 가져보는 편안한 그 마음을 찾아보는 나를 찾아 걸어간다. (2009. 9. 15)

옛 어른들이 하신 말씀에
5분의 호흡은 5분의 평화와 고요함을 유지시키고,
10분의 호흡은 10분의 평온함과 고요함을
자리 잡게 한다고 했듯이 짧은 시간에도
맑은 하늘을 바라볼 수 있어 한없이 감사할 뿐이다.
하늘도 푸르고, 산도 푸르다. 푸른 잎이 호흡을 한다.
오늘 산과 수목들의 잎을 따라 호흡을 갊아가니
나의 평상심이 넓어지고 깊어지는 기분이다.

가을이 오고 있네요

가을이 오고 있네요! 의 전령사가 소리를 전해주는 입추 · 처서가 들려 온지도 꽤 지났지만 무색할 정도로 낮의 폭염이 가을이 옴을 시샘이나 하듯 몽니를 부린다. 그렇게도 무더위 속에 지쳤던 생명체들이 이젠 쏴르르 쏴르르 시원한 매미 소리와 더불어 풀섶에서 울려오는 풀벌레들의 합창소리, 높아지는 하늘을 향해 코스모스 하늘거리며 해맑게 피어나고 있다. 이 순간 우주의 성주괴공 속에 돌고 도는 자연 섭리임을 깨닫게 한다. 생명체의 생노병사가 춘하추동과 같고 인과이치도 우주의 음양상승과 같음을 계절의 변화 속에 더욱 일깨움을 준다. 모든 것은 하나의 원리 속에서 이치와 원리가 변화하고 있으니 진리기운이 우리 삶을 이끌어 준다.

몇 해 전에 학교에서 텃밭을 가꾼 적이 있다. 물론 사제동행의 작품으로 멘토와 멘티 관계로 채소밭을 할당 받아 상추, 쑥갓, 근대, 고추 등 야채류를 가꾸며 야채농사를 지은 적이 있다. 물론 시골 출신이지만 재배법이 낯설어 많은 고생을 하면서도 땀을 흘린 결과 나름대로 수확을 했다. 그 땀방울 속에 배어있는 풍성함은 학생들에게 좋은 체험현장 교육이었다. 모든 생명체는 가꾸는 여하에 따라 그 기복이 심함을 알게 되고, 이것이 불가에서 이야기하는 인과 이치임을 체험하는 좋은 기회였다.

따라서 학생들도 본인이 가꾼 야채류를 손수 본인이 원하면 가져가고 선생님들도 함께 나누면서 그 기쁨을 한껏 높이는 계기가 되었다. 그 결과 학교 분위기는 업그레이드되었다. 텃밭에서 가꾼 야채들이 밖에서 사온 것보다 훨씬 맛있다고 이구동성으로 말문을 연다. 그 이유는 무엇일까? 그 재배에 있어 비료와 농약을 주지 않은 유기농이기도 하지만 하우스 재배가 아닌 바람과 햇빛을 자연스럽게 받으며 재배자의 온갖 정성을 받아가며 자랐기 때문이다. 특히 천지자연 속에서 학생과 교사가 하나 되어 사제의 정성된 마음이 비료와 퇴비처럼 영양가 역할 속에 생명체에 대한 사랑의 마음을 먹고 자랐기 때문이다.

그 예로 메마를 때에는 적당히 물도 주고, 때로는 풀을 뽑아주고 넘어지지 않도록 골을 만들어 주고 비닐 줄을 쳐서 바람이 잘 통하도록 하면서 따뜻한 마음으로 사랑을 보였기 때문이다. 또한 아이들의 마음도 그 동안 막히고 꼬여 답답하던 마음이 그물에 바람 통하듯이 막힘없이 물 흘러가듯 흘러서 욕구불만의 흔적이 없어 보인다. 그 결과 학교생활도 한층 밝아지고 즐거움을 창출하는 계기가 되었다. 텃밭 가꾸기가 학생들 지도에 있어 공동체 의식의 함양 속에 인성의 창을 여는 본보기가 된다.

처서가 되면서 여름의 기운은 아침저녁으로 다소 낮아져 가을이 문턱에 왔구나! 하는 생각 속에 가을의 생명력을 생각한다. 여름에는 여름에 맞는 사고와 행동이 필요하듯 우리는 계절에 맞는 옷을 입어야 한다. 가을이 오면 가을에 맞는 사고와 행동을 하면서 가을의 옷을 입어야 하듯이 계절 따라 변하는 내 모습을 지배하는 마음작용에 좌우된다.

한 생각 돌리면 자연의 섭리를 잘 받들어 이에 맞는 맞춤형 준비를 한다. 허나 맞추지 못하면 많은 경계 속에 내 본래 자리를 잃어버려 많은 상처와 고난이 따르게 된다. 이만큼 계절의 순환에 따라 선택되는 마음 작용이 그 얼마나 우리네 삶을 좌우하는 것인가를 교시하고 있다.

가을이 오는 때를 맞아 내 삶에 필요한 거름을 생각해본다. 흔히 사람들은 "고생 끝에 기쁨이 있다."고 한다. 그 내면에는 우리가 좋은 선택과 위대한 선택을 해야 한다. 허나 그 선택 하나하나가 용이한 것은 아니다. 어려운 일이 있을 수 있다. 특히 힘든 일수록 그 경계에 큰 믿음, 대단결, 대봉공의 마음을 이어받아 자신의 가치를 알아야한다. 날로 거듭나기를 서원하면서 노력해야한다. 물론 그 경계가 어렵다고 해서 자신의 선택이 잘못된 것은 아니다. 현재의 고통과 외로움은 미래를 위한 거름이다. 만일 그것이 쓰레기가 되어서는 아니 된다. 현재의 고통과 외로움을 쓰레기로 만들 때 내 자신이 쓰레기와 함께 썩어 버린다. 정말로 어렵고 힘들 때 그것이 거름이 되어 거기서 꽃이 피는 것이다. 들꽃들도 수많은 흔들림 속에 피어나지 안온한 가운데 피어나지 않기에 여기에 필요한 거름이 절대로 준비되어야 한다.

이런 거름은 가을의 추수에 봄·여름에 절대적으로 필요한 자양분이다. 가을의 열매가 낙과되지 않기 위해서는 준비된 거름의 역할이다. 불가에서는 끊임없이 쉼없이 서원하면서 낙과가 되지 않기 위해 간절히 서원하면서 거름준비를 한다. 그러기 때문에 큰 믿음 속에 경계를 딛고 일어날 수 있도록 뿌리 같은 믿음이 전제 되어야 한다. 따라서 우리는 나무가 가지 위에 잎이 나도록 서원하고 경계를 딛고 일어나는 뿌리같은 믿음으로 경계를 이기고 좋은 열매를 맺을 때까지 정진하는 가운데 이 원천인 거름을 마련함에 최선을 다한다. (2010. 8. 30)

현재의 고통과 외로움은 미래를 위한 거름이다.

만일 그림이 쓰레기가 되어서는 아니된다.

현재의 고통과 외로움을 쓰레기로 만들 때

그것이 거름이 되어 거기서 꽃이 피는 것이다.

들꽃의 메아리

지은이 / 金永和
펴낸곳 / DongNam 동남풍 Pung

인쇄 / 2011년 10월 14일 초판 1쇄
발행 / 2011년 10월 14일 초판 1쇄

주소 / 570-180 익산시 신용동 344-2
전화 (063)854-0784 팩스 (063)852-0784

값 10,000원